The
Garland Library
of
War and Peace

The
Garland Library
of
War and Peace

Under the General Editorship of
Blanche Wiesen Cook, *John Jay College, C.U.N.Y.*
Sandi E. Cooper, *Richmond College, C.U.N.Y.*
Charles Chatfield, *Wittenberg University*

Arbitration: Two Views

The Recent Progress
of International Arbitration

by
Henry Richard, M.P.

and

Essai sur l'organisation
de l'arbitrage international

by
Baron Edouard Descamps

with a new introduction
for the Garland Edition by
Sandi E. Cooper

Garland Publishing, Inc., New York & London
1971

Library of Congress Cataloging in Publication Data
Main entry under title:

Arbitration: two views.

    (The Garland library of war and peace)
    Reprints of the 1884 and 1896 editions respectively.
    Includes bibliographical references.
    1. Arbitration, International. I. Richard, Henry,
1812-1888. The recent progress of international arbitration. 1972. II. Descamps, Edouard Eugène François,
Baron, 1847-1933. Essai sur l'organisation de l'arbitrage international. 1972. III. Title: The recent
progress of international arbitration. IV. Title:
Essai sur l'organisation de l'arbitrage international.
V. Series.

JX1971.A8   341.5'2   72-147571
ISBN 0-8240-0339-X

Introduction

At the opening of the twentieth century in Europe and the United States, a well organized peace movement had developed sustained generally by a "middle class" membership that included prominent figures in government, business and the professions. Holding annual meetings, pouring forth profuse literature on both a popular and erudite level, offering public lectures, organizing demonstrations, and publishing a great variety of magazines, newspapers, pamphlets and journals in almost every western tongue, this movement was essentially directed at popularizing a form of international relations that would minimize, if not eliminate, the use of war on the part of civilized nations. What is striking about the growth and purpose of the peace movement of the pre-1914 era is that it flourished in a period relatively free of war, at least among the great powers, and that it had not arisen out of a protest against any given war. The persons and organizations devoted to the cause of peace in the late-Victorian western world were working for a systematic alternative to war — a series of legal formulations to regulate the relations among the sovereign states of Europe. This movement rarely addressed social or political issues directly. Two large

5

INTRODUCTION

"peace internationals," the Universal Peace Congress and the Inter-Parliamentary Union, both formed in 1889, served as the international clearing houses of the constituent groups from the nation-states. Membership in the Inter-Parliamentary Union (IPU) was confined to current or former officials of established parliaments, diets and chambers. The Universal Peace Congress (UPC) drew its personnel from both official and non-official quarters. These "apostles of peace" cannot be described as "absolute pacifists;" more accurate is the term "legal internationalists." The peaceful, legal technique which they most ardently and consistently supported was arbitration, defined in its broadest sense to include mediation, good offices, mixed commissions, commissions of inquiry and the like.

Certainly, not all persons associated with anti-war stances fell into the category of "legal internationalists." In the same period, the pacifism of Leo Tolstoi as well as the various socialist attitudes to questions of war and peace represented at least two broad categories differing from "legal internationalism." The ideas of the legal internationalists came closest to fruition and received official recognition by governments with such efforts at international organization as occurred at the two Hague Conferences (1899 and 1907), the London Naval Conference (1909) and various arbitration treaties signed before 1914.

The legal internationalists argued that civilized

INTRODUCTION

states had arrived at the point where their national interests, particularly national security, were no longer served by the vast expenditures attending the arms race. Arbitration was proposed as the most realistic alternative for the adjudication of disputes, an alternative that did not diminish national honor or sovereignty in the least. Legal internationalists hoped that as nations accustomed themselves to invoking neutral, impartial third parties to adjudicate their differences, a body of acceptable international law would develop. With the passage of time, the nations would gain a sense of security from the evolving practices of legalized international relations and the fears prompting extravagant armaments expenditures would subside — along with those "socially useless" investments. Thus, the eternal human dream, peace, could be achieved in the twentieth century in a slow, evolutionary, legal and practical manner. The historical analogy dearest to the legal internationalist was the growth of law as a substitute for feudal violence which occurred in the historical development of most European states as they emerged from the medieval era.

Rarely did the strict legal internationalist talk about the establishment of a single international government to substitute for or embrace all the national sovereign states. Such "talk" would have frightened the officials and the public which they were addressing, reminding some of universal imperialist ambitions symbolized by Charles V or, *more recently, Napoleon. Others would have taken the dream about universal political brotherhood to be the simple-minded ravings of utopians, a charge about which the legal internationalists were ever sensitive. Nor did legal internationalism pay much attention to the darker side of nationalist passions, except to characterize extreme chauvinism as "beyond the pale" and ungentlemanly.*

The names of numerous prominent Europeans and Americans were associated with the ideas and activities of legal internationalism. In this volume, two are included who represented different stages of the development of the idea of international arbitration and who worked long years for the acceptance of the idea. The first, Henry Richard, spent nearly a half century of his life at work designed to popularize this alternative to war. A follower of the ideas of Richard Cobden and the Free Trade school, Richard, both in and out of the House of Commons, in his writings, speeches and work as an organizer, never lost an opportunity to commend the virtues of arbitration. Richard constantly urged the British government to submit its disputes to arbitration, believing that a British example could definitely exercise a salutary influence on other nations.[1] The second, Édouard Descamps, was a professor of international law at Louvain and a

---

[1]*In 1873, for instance, he moved an address to the Crown in the House of Commons urging the government initiate an international diplomatic conference on arbitration in Europe. See* International Arbi-

INTRODUCTION

Belgian parliamentarian as well as a deputy to the Hague Conference of 1899 and an active member of the Inter-Parliamentary Union. In his official, public life, Descamps was an outstanding supporter of the legal internationalist position, a position which he also helped create and extend.

At its conference of 1894 at The Hague, the Inter-Parliamentary Union (IPU) created a six-member sub-commission under the leadership of the former Belgian parliamentarian, Houzeau de Lehaie, "to prepare for its next meeting a project of the organization of a permanent international court of arbitration, designed to regulate the differences among the nations which would adhere to it." The project was to meet the following guidelines:

1. National independence would remain inalienable and inviolable;
2. The adhesion of each government to the constitution of a permanent international court would be absolutely voluntary;
3. Each signatory state would remain on a perfectly equal footing before a permanent international court; and
4. The judgments of the permanent court would have the force of an executive sentence.[2]

tration and the Improvement of International Law, The Debate in the House of Commons, on Tuesday, July 8, 1873, (London: Hodder & Stroughton, n.d.), 51 pages.

[2] Union Interparlementaire, Résolutions des Conférences et Décisions Principales du Conseil, with an introduction by Christian Lange (Brussels and Leipzig 1911), p.50. The translation in the text as well

9

INTRODUCTION

One year later, Houzeau de Lehaie presented a draft project to the Brussels meeting of the I.P.U. As president of the Union for that year, Descamps was charged with circulating the draft project to official channels once it was endorsed unanimously by the I.P.U. His introductory essay, the Mémoire aux Puissances *reprinted here, was said to have generated "keen interest in official circles in the plan for a permanent arbitration court."[3] At the Hague Conference in 1899 he was the official rapporteur on the question of an arbitration tribunal. Thus, Descamps was responsible for translating general ideas about arbitration into their first internationally "official" form. The resemblance between this model I.P.U. project and the final Convention of The Hague is more than accidental. The sub-commission (concerned with the Conventions on arbitration) at the 1899 Hague Conference included at least two other I.P.U. members, Senators Beernaert and Rahusen, both experts on international law.*

Henry Richard's short speech is typical of early pro-arbitration "propaganda." It was necessary to make the idea palatable to skeptical, indifferent,

as all translations from French in this introduction are by S. E. Cooper. The resolution appeared originally in La Conférence Inter-parlementaire, *organ of the I.P.U., pp. 233-235.*

[3] *Hans Wehberg, ch. 2 of* The Interparliamentary Union from 1889 to 1939, *(Geneva, Payot & Co., 1939), p. 46. Also Lange, ed., op. cit. p. 13. Here, Lange claims that Descamps was also charged with the task of interesting government officials in convening a diplomatic conference to create the court through international conventions.*

INTRODUCTION

uninformed and sometimes hostile audiences. His approach was to emphasize the practicality and viability of arbitration in this talk to the Association for the Reform and Codification of the Law of Nations, meeting at Cologne in August, 1881. This organization, including scholarly and politically active membership, served as an important pioneer source for ideas and the dissemination of information about the possibilities of international arbitration. Richard, an honored and venerable laborer for the cause, took the opportunity to remind the Association of its original commitment, to work for arbitration. He believed its meetings had become too concerned with small points of international law. He also used the occasion to demonstrate the consistent expansion in the number of cases where arbitration was invoked in the decade of the 1870's.

What is interesting about Richard's modest speech was the way he measured the progress of arbitration. He was highly gratified when arbitration clauses were inserted in particular treaties (usually commercial) between two nations which were thereby committing themselves in advance to a peaceful mode of adjudicating disputes which might arise over interpretation of the specific treaty in question. Arbitration in this instance was limited to matters that might be open to question in new treaties. Certainly Richard recognized that this was a limited commitment to the use of arbitration and would not in itself eliminate warfare. Yet he was patient and

11

convinced that such were the first steps from which a broader application of arbitration would develop. A second step, not alluded to in his speech here, was the idea of a general treaty of arbitration between two sovereign states. Such a treaty would bind the signatories to take all their differences to third parties. This notion, for example, was a guiding influence on the founders of the Inter-Parliamentary Union in 1888, notably Sir Randal Cremer, an English M.P., and Frédéric Passy, a French economist and deputy.[4] Originally, their energies were devoted to bringing about a general arbitration treaty between the United States and France or some other European state. Cremer had lobbied unsuccessfully in London and Washington during the Cleveland administration for a British-American treaty.[5]

A third level of thinking about the beneficient possibilities of arbitration is reflected in Descamps' Mémoire aux Puissances, *reprinted here. The establishment of a permanent system for adjudication of international disputes through the creation of an arbitration tribunal by the action of accredited plenipotentiaries signing an international convention*

---

[4] *Sir Randal Cremer was a close friend and associate of Henry Richard. For details of Cremer's life and work, see Howard Evans,* Sir Randal Cremer, *reprinted with a new introduction for the Garland Library. Passy's* Pour la Paix — Notes et Documents, *also available in this reprint series, is a useful compendium of information about the founding of the I.P.U. as well as about more general facts of the pre-1914 peace movement.*

[5] *Ludwig Quidde, ch. 1 in* The Interparliamentary Union from 1889 to 1939, pp. 10-16.

was the ambition of this proposal. The tenor of Descamps' essay was modest, cautious but positive; his purpose was to assure conservatives jealous of national sovereignty that no threat to the nation state was intended.

Descamps' essay, the project of the permanent court of arbitration designed by the I.P.U. sub-commission, and a summary report by Houzeau de Lehaie on the thinking of the sub-commission, reprinted here, are excellent statements of the position of legal internationalism in its most sophisticated form. Arbitration was proposed as a non-political modus operandi, a rational form for resolving interstate difficulties that could be adopted by any form of polity — from absolute to mixed monarchy and republic. Hans Wehberg correctly described the project as

> *a masterpiece from the political standpoint, for it was so conceived as to enable the states to bring the court into being without sacrificing their national dignity to any appreciable extent.*[6]

Most of the volume is Descamps' essay, a reasonable statement of the arguments favoring the creation of a permanent court. The project for the court was laid forth in fourteen articles. Descamps' essay was based on the best available scholarship, raised plausible questions and anticipated negative criticism wherever possible. The gradual but undeniable growth in the

[6] Hans Wehberg, op. cit., p. 46.

13

number of instances where arbitration among nations was employed is paralleled to the strong development of interest in it among persons throughout the "advanced" world. Descamps tied the growth of a legal system among nations to the economic and technological interdependency that characterized a civilization on the verge of conquering the whole earth. Beyond the economic impetus, however, he saw further reasons for the developing interest in arbitration in

> the onerous and precarious character of the armed truce in which we live, the horror of the images that arise about wars of the future, the deep reverberations that even limited wars. . . leave on the relations of all peoples, the belief, confirmed by experience, that games of chance and force more often create new trouble and new struggles than resolve problems . . .[7]

The model project of the court and the report of the subcommission presented by Houzeau de Lehaie reiterated the spirit of Descamps' introductory essay. Everywhere evident is the purpose of the framers — to attract official support, to demonstrate that a fairly simple procedure could serve as the first step, to insist that no nation would be overburdened with expenses, that no hardships would be created for the judges and that no thought existed to do more than establish a purely voluntary organism. The first article assured the potential signatory that the decision to

[7]Édouard Descamps, Essai, p. 50.

seek a resolution through arbitration was entirely up to the state itself. The project was mainly a design for creating a court, establishing its procedures, selecting justices, regulating administrative and record keeping procedures and providing some continuity for the tribunal. Execution of sentences was entirely left to "the honor and good faith of the States in litigation." (p. 57) States could adhere after it was created and withdraw from membership at will. The I.P.U. project emphasized — perhaps over-emphasized — the voluntary character that an international tribunal should have.

Inevitably the question arises, what was the point of creating such a loosely structured, voluntary tribunal at all in a world of intense rivalries and national feelings? Hostile critics derided the notion, for example, by asking whether Germany would submit the Alsace-Lorraine question to arbitration. Defenders of the tribunal countered such objections rather simply by observing that a beginning had to be made somewhere. Even a loosely structured and entirely voluntary permanent tribunal sitting in a major European city was an dramatic contrast to the total lack of such a facility. What proponents could not refute was the charge that sovereign nations would only bring minor issues to an arbitration table. When Great Britain refused to allow its differences with the Transvaal to go to arbitration, particularly to the new Hague tribunal established in 1899 largely through British pressure at the Conference, sup-

15

porters of arbitration were indeed dismayed. The British refusal, coupled with the American war against Spain, nearly undid the pro-arbitration movement, for here, the two states in the forefront of the movement for arbitration were both unleashing wars of a major sort.

British members of the I.P.U., especially Lord Stanhope, who had originated the 1894 resolution calling on the Union to devise a model project, were temporarily stymied at international conferences of the organization. To speak out against Britain was unpatriotic; to remain silent was a form of treason to their own consciences and commitments. Other members of the Union and of the Universal Peace Congress were less inhibited and circumspect.[8] *At the 1900 Paris meeting of the Universal Peace Congress, the fervent British crusader for international peace and arbitration, William T. Stead, blasted his government and some of his politer confrères at the meeting for their moral pusillanimity in not attacking Britain.*[9]

Despite setbacks such as British and American

[8] *Union Interparlementaire pour l'arbitrage international. Session de 1900.* Compte Rendu de la Xe Conférence tenue à Paris. *Palais du Senat. 31 juillet à 3 aout, 1900. (Paris: Imprimerie Nationale, 1901),* pp. 92-95. Also *Congrès Universel de la Paix,* Bulletin officiel du IXe Congrès universel de la paix tenu à Paris du 30 septembre au 5 octobre, 1900. *(Berne, 1901),* pp. 25-28, 34-35, 39-55, passim.

[9] Ibid., pp. 45-48. Two of Stead's longer works, The United States of Europe *and* The Americanization of the World; or The Trend of the Twentieth Century, *both typical of his crusading journalist style, are available in the Garland Library.*

16

INTRODUCTION

actions against "weaker" states, the long range aspirations and ideals in Descamps' essay remained intact. The work of the Hague Conference of 1899 was cheering and served as a grounding for the future. At its 1899 meeting in Christiana (Oslo), the I.P.U. passed a resolution acclaiming the Hague Conference and noted that the diplomats there had accepted in principle "a project adopted. . . at the 1895 Brussels meeting [of the Inter-Parliamentary Union] for the constitution of an international court of arbitration." The I.P.U. resolution expressed "satisfaction that its work had not been without utility for the decisions of the Hague Conference."[10] Consequent meetings and writings on arbitration happily congratulated states which turned to juridical means for resolving disputes and kept careful count on the instances when arbitration was invoked. After 1900, arbitration enthusiasts worked to create a permanent tribunal sitting at The Hague and even introduced recommendations for making arbitration binding and for devising sanctions to enforce decision awards.[11] Therefore, while rumors and actual outbreaks of wars continued to plague the opening years of the twentieth century, the enthusiastic movement in favor of peaceful settlement of international disputes nonetheless continued to grow and attract support.

[10]*Reported in the French peace journal*, La Paix par Le Droit, Paris, November, 1899, p. 447.

[11]*See, for example, Jacques Dumas*, Les Sanctions de l'arbitrage international, *(Paris: A. Pedone, 1905) with a preface by d'Estournelles de Constant.*

17

INTRODUCTION

Activitists in the movement knew very well, if the "next war" could be averted long enough for the new forms to take root, then there would be a real possibility of avoiding that "coming war" and seeing, in the coming century, an organized peace replace the international anarchy.

As we know, these hopes were to be disappointed. Yet, as the ashes settled after 1918, the peacemakers of the new generation still had to return to the pre-1914 era and to the pro-arbitration movement for some of their *plans for a permanent peace.*

Sandi E. Cooper
Division of Social Sciences
Richmond College of C.U.N.Y.

THE RECENT PROGRESS

OF

INTERNATIONAL ARBITRATION.

582193

A PAPER

READ BY

MR. HENRY RICHARD, M.P.,

At the Conference of the ASSOCIATION FOR THE REFORM AND
CODIFICATION OF THE LAW OF NATIONS, *at* COLOGNE,
Friday, August 19, 1881.

SIR TRAVERS TWISS, *President.*

————◆————

LONDON :

HODDER & STOUGHTON, 27, PATERNOSTER ROW.

———

Price Twopence.

LONDON
WERTHEIMER, LEA AND CO., PRINTERS
CIRCUS PLACE, LONDON WALL.

RECENT PROGRESS OF INTERNATIONAL ARBITRATION.

———◆———

AT the Conference held in Brussels, in October, 1873, when this Association was founded and formed, the following Resolution was proposed by the RIGHT HON. MOUNTAGUE BERNARD, formerly Professor of International Law in the University of Oxford, seconded by SIGNOR MANCINI, at present Minister of Foreign Affairs in the Kingdom of Italy, and supported by PROFESSOR BLUNTSCHLI, of the University of Heidelberg, SIR TRAVERS TWISS, PROFESSOR PIERANTONI, with others, and unanimously adopted :—

"This Conference declares that it regards Arbitration as a means essentially just and reasonable, and even obligatory on all nations, of terminating international differences which cannot be settled by negotiation. It abstains from affirming that in all cases, without exception, this mode of solution is applicable, but it believes that the exceptions are rare, and it is convinced that no difference ought to be considered insoluble until after a clear statement of complaints and reasonable delay, and the exhaustion of all pacific methods of accommodation."

This may be regarded as a general declaration of principle; but at a later sitting of the Conference, in defining the objects of the Association, another Resolution was passed, declaring its competence to deal with the question of International Law, public and private, but adding these words :—"The principal object, nevertheless, to be Arbitration as a means of settlement of all differences between nations."

In calling attention, therefore, to the subject of Arbitration, I am acting strictly in harmony with what has been declared to be a fundamental principle, as well as the primary object of the Association.

Now those who advocate this method of deciding the differences of nations have to encounter two objections—first, that it is unreasonable, and secondly that it is impracticable. It may seem strange that the former accusation should be laid to their charge. But so it is. Nothing is more common than to hear the epithets, "foolish," "absurd," "ridiculous," applied to their conduct. They may, however, solace themselves with the reflection that these are the stereotyped phrases applied to every innovation on the traditional customs of mankind. Our contention, on the contrary is, that in this instance at least, the folly, the infatuation, is on the other side, not on ours. Indeed, we are quite content, for the defence of our views, with appealing to no higher principle than the reason and common sense of mankind. And in arguing with certain classes this may be the safer and more conclusive method, for there are men who are inaccessible to any higher appeal. If we object to war as the solvent of international difficulties, on the ground that it is opposed to the sacred authority of the Gospel, they will meet us with a smile of disdain as superstitious enthusiasts who cannot be seriously reasoned with. If we argue against it by reason of its unspeakable cruelties and barbarities, we may be told we are yielding to a mawkish sentimentalism unworthy of a vigorous and manly character. If we condemn it on account of its enormous and oppressive costliness, that may be set down to a mean and sordid spirit. But even with such opponents it may be open to us to show that the practice is utterly irrational. And is it *not* so? Let us consider for a moment the question.

The Question of Right.

The questions that arise between nations are always, at least professedly, questions of contested *right*. When LORD JOHN RUSSELL, for instance, in 1854, delivered a speech in the House of Commons, which was virtually a declaration of war against Russia, he ended, amid the enthusiastic plaudits of his audience, with this exclamation:—" And may God defend the right." The EMPEROR OF RUSSIA, when he accepted England's challenge

made a still more solemn appeal to Heaven for the rightfulness
of his cause. And this is the case in every war. Each party
loudly asseverates that it is drawing the sword only in defence
of the right. But how are questions of right to be decided?
Is it by an appeal to the appliances of brute force, or to reason
and justice? If, in civil society, you want to determine which
of two contending parties is right, how do you set to work?
Do you try to discover which is heaviest physically, which is
the strongest, or the most vigorous and adroit in the use of
material weapons? No, but you enquire into facts, you collect
and collate evidence, you listen to argument, you investigate
character, you compare moral probabilities. But how do the
implements and exercises of war help you in such a process?
A bayonet has no aptitude for the discovery of truth; gun-
powder has no quality of moral discrimination; a Krupp
gun, or a torpedo, has no particular relation to righteousness.

All that these can do, if you use them to the day of doom,
is to decide, not who is right, but who is the strongest, the most
skilful, the most wealthy, the most pertinacious. A more conclusive proof of the utter impotence of war to settle questions
of right cannot be imagined, than is afforded by the fact, that
it never does settle anything. For after the nations have been
fighting for five, ten, or fifteen years, after they have lavished
their blood and treasure in conflict, after they have laid waste
the earth, after they have carried anguish and desolation into
myriads of homes, after they have envenomed each other's
hearts by hateful and malignant passion, they always end by
meeting in council, to consult and argue, and, by mutual concessions and compromises, to make a Treaty of Peace. And all
we ask is, whether it would not be wiser, more consonant with
reason and common sense, as well as with justice, religion, and
humanity, to begin where they are always obliged to end, by
meeting in council and making concessions and compromises
before they have filled the world with the havoc and horrors of
war?

The second objection to our proposal is its impracticability. The Question
We are told that though, no doubt, the method we recommend of Practicability.

is very desirable, it cannot be done; that it is a dream of good
and not very wise men. Our answer is, that it *is* done. It *has*
been done, it is being done, almost every year, and, in my firm
conviction, it will be done more and more, as mankind advance
in enlightenment, civilisation, and morality. We confidently
appeal to facts in proof of the practicability of our plan. And
this, indeed, is the special object of this paper.

Arbitration in Practice.— The Anglo-American Mixed Commission.
I could cite many cases of successful Arbitration within
the last half-century; yet I do not mean to travel so far
back, but to restrict myself to a series of very modern instances. I will take, as my point of departure, the date
of the establishment of this Association in 1873. Let me,
however premise that I use the word Arbitration, not in
its technical, but in its broader and more general sense, as
including every kind of pacific reference, or adjudication, for
the settlement of international disputes. At the time alluded
to, the SAN JUAN ARBITRATION had just been concluded, and
the group of questions known as the ALABAMA CASE had been
happily disposed of, by the TRIBUNAL OF GENEVA. I do not,
therefore, include these. But it is well known that by the
TREATY OF WASHINGTON, out of which that tribunal grew, a
second body was appointed to deal with another class of cases
then in question between the two countries. This was the
MIXED COMMISSION which was to enquire into all outstanding
claims made by subjects of Great Britain upon the Government of the United States, and *vice versa*. This COMMISSION
consisted of the Right Hon. Russell Gurney, on the part of
Great Britain, the Hon. James S. Fraser, on the part of the
United States, and His Excellency Count Corti, Minister Pleni-
potentiary of the King of Italy, at Washington. Some of those
claims were of a sufficiently difficult and dangerous character.
The total number was 478 on the part of British subjects,
and 19 on the part of American subjects. The Commissioners
investigated and disposed of them all, and their final award
was, that the Government of the United States should pay to
Her Britannic Majesty, within twelve months of the award,
the sum of 1,929,819 dollars, or nearly £400,000, which was a

little salve to the pride of John Bull for the £3,000,000 he had to pay on the Alabama account. The *Times* newspaper, which has not always written very favourably of Arbitration, when the issue of that Commission became known, wrote thus:—

" The success with which this COMMISSION has accomplished its task is one of the best testimonies we have yet received to the true worth of Arbitration. Here were claims, in the aggregate of large amount, creating much ill feeling, some of them involving delicate points of international law, and each bound up in a multiplicity of details, that would have defied the ordinary process of diplomatic treatment. In former times we know what would have happened with such claims. They would have remained unsettled during years of angry discussion and ever growing estrangement, and would have powerfully aided to bring about one of those wars with which the world was periodically cursed, to be finally disposed of, on the return of peace, by a stroke of the pen, that would have consigned them to oblivion and many of the claimants to poverty. The Anglo-American Commission has shown us a better way to deal with matters that, in themselves limited and personal, might yet, if neglected, evoke national sentiments and passions; and we have now discovered how justice can be meted out to individuals, and a difficulty permanently removed without the whole nation being burdened with immeasurable consequences."

But I proceed with my enumeration of other cases that have occurred since 1873. In 1874 a question that had long been in dispute between ENGLAND and PORTUGAL, as to the possession of DELAGOA BAY and the surrounding territory, on the East Coast of Africa, was referred to the Arbitration of the President of the French Republic. In July, 1875, Marshal MacMahon delivered his award, assigning the disputed territory to Portugal; and the British Government and nation acquiesced with scarcely a murmur. *Delagoa Bay Arbitration.*

Here is another case which occurred about the same time. For many years there had been a dispute between SWITZER- *Switzerland and Italy.*

LAND and ITALY, on a question of boundary respecting the frontier, near Peschiaro. It was just one of the questions that formerly would have led to war, for it has been held among nations, as a scrupulous point of honour, not to surrender one inch of territory except at the edge of the sword. But the two Governments referred their difference to the arbitration of the Hon. P. Marsh, the United States Minister at Rome, who, after a careful investigation of their rival claims, pronounced in favour of Italy, and Switzerland cheerfully accepted the decision.

Seistan
Arbitration.

But we have now to travel beyond the boundaries of Christendom for illustrations of the successful application of the same principle. A question of disputed boundary between the territories of PERSIA and AFGHANISTAN had for a long time been an open sore. "It had been," says my authority, "the source of constant bickering between the SHAH of PERSIA and the AMEER of CABUL, at times leading to actual overt acts. But, by the advice of LORD MAYO, when Governor-General of India, two British officers, General Goldsmid and General Pollock, undertook to mediate between the disputants. After long inquiry, and surmounting a good many difficulties, they brought to a successful conclusion one of the most important boundary questions which the Indian Government has ever had to decide." I am afraid it must be admitted that it left some feeling of dissatisfaction in the mind of the late Ameer, but it arrested a possible war between Persia and Afghanistan. This is known as the SEISTAN ARBITRATION.

China and
Japan.

But perhaps the most remarkable case, in the years 1874-5, was the settlement, by Arbitration, of a most dangerous dispute between CHINA and JAPAN. It related to the murder of a certain Japanese captain, by the Chinese, in the island of FORMOSA. The Japanese Government demanded redress, which was at first refused by China. This led to an angry correspondence, which at length became so embittered that hostilities on a large scale were preparing on both sides. The Japanese troops had already taken possession of the island of

Formosa. But at this juncture MR. WADE, now SIR THOMAS WADE, the British Minister at Pekin, stepped in and offered his mediation as arbiter. This was accepted, and ultimately the Chinese Government and the Japanese Commissioner at Pekin agreed to an arrangement, by which China was to pay to Japan 500,000 taels, and the Japanese troops were to be withdrawn from Formosa. Lord Derby, who was then the Foreign Minister of Great Britain, in acknowledging the telegrams from Mr. Wade, announcing this happy issue, replied: —"I have great pleasure in expressing to you the high sense entertained, by her Majesty's Government, of the service which you have rendered in thus bringing about a peaceful settlement of a dispute which might otherwise have produced results disastrous to the countries immediately concerned, and injurious to the interests of Great Britain and the other Treaty Powers." MR. PARKES, now SIR HENRY PARKES, our Minister at Japan, wrote to Lord Derby that the MIKADO, the Emperor of that country, sent for him to a special audience, in order to express his satisfaction at this result, and requested him to convey to Mr. Wade his thanks for the timely and effective service he had rendered. The Japanese Minister in London, also called upon Lord Derby to express officially the thanks of his Government to Mr. Wade. "He could assure me," said Lord Derby, reporting his Excellency's words, "that the service thus rendered would be gratefully remembered by his countrymen."

But since the settlement of this question by Mr. Wade, another difficulty appears to have arisen between CHINA and JAPAN, relative to the sovereignty of the ISLANDS OF LOO-CHOO. This difference had assumed a very serious and menacing character, when EX-PRESIDENT GRANT, on his journey round the world, visited China. When his arrival became known, the Chinese Minister (PRINCE KUNG) applied to him to use his good offices to mediate between the two countries. A conversation of singular interest took place between the two, in the course of which PRINCE KUNG said (what must be, I think, heard with pleasure by the members

Ex-President Grant's Asiatic Arbitration.

of this Association):—" We [in China] have made a study of INTERNATIONAL LAW as written by your English and American authors, whose text-books are in Chinese. If there be any force in the principles of International Law, as recognised by your nations, the extinction of the LOO-CHOO sovereignty is a wrong." EX-PRESIDENT GRANT pointed out that he was there, not in any official, but only in his private capacity, but still he added:—"It would afford me the greatest pleasure—I know of no pleasure that could be greater—to be the means, by counsel, or effort of mine, in preserving peace, especially between two nations in which I feel so deep an interest as I do in China and Japan." He immediately returned to Tokio, the capital of the latter country, had an interview with the EMPEROR and his MINISTER, and argued with them strongly in favour of a pacific settlement of the dispute. He wrote to Prince Kung the result of his good offices, and suggested a plan of compromise. The issue is thus described in a letter which appeared in the *Times* of December last:— " It is within my knowledge that since the arrival of the General in the United States, he has been informed by a high official in the Japanese service, that Prince Kung had written a very satisfactory reply to his letter, to the effect that the matter was not likely to give the two nations any further serious trouble."* In the course of conversation with Prince Kung, Ex-President Grant made a very memorable remark : " An Arbitration between two nations may not satisfy either party at the time, but *it satisfies the conscience of mankind ;* and it must commend itself more and more as a means of adjusting disputes."

Japan and Peru.

Before quitting these remote regions, I must record one other case of successful recourse to pacific reference. There arose a dispute between JAPAN and PERU, occasioned by the seizure, in 1872, of a Peruvian barque engaged in the Coolie trade, and

---

* Since the above was written, I have learnt from a member of the Japanese Embassy, that the question is not quite settled, but it is still hoped that the mediation of Ex-President Grant will lead to satisfactory results.

the liberation of those found on board. The matter was referred to the arbitration of the Emperor of Russia, who gave judgment in favour of Japan, which was, I suspect, a decision against slavery as well as against war.

I now come back again to Christendom. In the year 1879, Spain and the SPAIN and the UNITED STATES of America united to request Mr. Albert Klaeer, the Italian Ambassador at Washington, to arbitrate between their two Governments in reference to certain claims of indemnity put forth by some American citizens in CUBA, for injuries alleged by them to have been suffered during the late Civil War in that island. The paper announcing this fact adds this remark:—"This is the *third* time that an ITALIAN AMBASSADOR at Washington has been requested to undertake an honourable service of this nature."

Then comes the Arbitration of the HALIFAX (NOVA SCOTIA) Halifax (N.S.) FISHERY COMMISSION between GREAT BRITAIN and the UNITED STATES. The Commissioners in this case were Sir Alexander Galt, now Canadian Agent in London, Mr. Ensign H. Kellog, of the United States, and Mr. Maurice Delford, Belgian Minister at Washington. The award was given in favour of Great Britain by two of the Commissioners, who adjudged the United States to pay 5,000,000 dollars, or about a million sterling, to the Canadian fishermen. Mr. Kellog, the United States Commissioner, dissented from this finding. It would appear that in the Convention which appointed the Commission no provision was made, as was the case in one to which I shall refer presently, that the award of any two of the Commissioners should bind the parties; and although, as I understand, according to the Common Law, such an award ought to be unanimous, and the United States might have refused to abide by it, yet, infinitely to their honour, rather than discredit the principle of Arbitration, they submitted to the award and paid the money.

Let me refer to one other case, in which the beneficent prin- Chili and ciple we advocate was, unhappily, *not* applied. The British Peru.— Arbitration declined.

Government, first alone, then in conjunction with the Italian Government, offered to arbitrate between CHILI and PERU. The Government of the United States, I believe more than once, made the same offer. But, unhappily, it was declined by both parties, and the miserable war, which so long desolated South America, went on with aggravated barbarity. It would appear, however, that the bitter lesson of that war was not wholly lost on CHILI, as it was announced some time ago, that a CONVENTION had been signed between that State and the UNITED STATES OF COLUMBIA, to submit to Arbitration all questions in dispute between the two republics. It was further stipulated in the CONVENTION that all the other nations of America should be invited to become parties to it, so that in future all their international disputes should be settled by Arbitration.

France and Nicaragua. Another example of the value of International Arbitration has just been furnished by the mutual action of the two Republics of FRANCE and of NICARAGUA. In 1874 the Government of Nicaragua seized a French ship; the *Pharos*, Captain Mare, loaded with arms, presumed to be intended for the revolutionary party in Nicaragua, but declared by the owner to be only ordinary merchandise, and for the open market. A Nicaragua Court, however, confirmed the action of the local authorities, confiscated the ship and cargo, and imprisoned the captain. The French Consul then took up the matter, demanded 70,000 francs damages, and summoned two French ships of war to his aid. Hereupon the Nicaraguan Government proposed a resort to Arbitration, and named the French COURT OF CASSATION as the umpire. This was agreed to by France. Recently the Court has made its award, and sentenced the Nicaraguan Government to pay the captain 42,000 francs, with interest. This terminates a difficulty which otherwise might have been far more costly and troublesome to both parties.

M. Mancini and Arbitration. There are two operations of a more general character which I must not omit in this enumeration. It will be remembered that in 1873 SIGNOR MANCINI obtained the unanimous assent of the ITALIAN CHAMBER OF DEPUTIES to a general motion in favour of Arbitration. Not content with this, the same distinguished statesman, in 1878, seeing that the Government was about to negotiate, or renew, Treaties of Commerce and Navigation between Italy and other countries, carried a RESOLUTION IN THE ITALIAN PARLIAMENT recommending that an ARBITRAL CLAUSE should be introduced into all such Treaties the negotiations of which are yet pending, and that to treaties already concluded an additional protocol be appended to the same effect. Signor Mancini is now Secretary for Foreign Affairs in the Italian Government, and is, happily, in a position to give effect to his own beneficent suggestions.

There is another general operation to which I refer with the greatest satisfaction, and that is the conclusion of a Treaty between the UNITED STATES of America and the FRENCH REPUBLIC, to settle all outstanding claims on the part of the citizens of either State against the other, of which there is, I believe, a considerable number. This is to be done by a body of THREE COMMISSIONERS, one to be named by the President of the United States, one by the French Government, and the third by His Majesty the Emperor of Brazil. One of the articles of this Convention is couched in these words:—"The High Contracting Parties hereby engage to consider the decision of the Commissioners, or of any two of them, as absolutely final and conclusive, upon each claim decided upon by them, and to give full effect to such decisions without any objections, evasions, or delay whatever." *[The United States and France.]*

Nor must I omit to refer to the Settlement of the difficult and dangerous question arising out of the TREATY OF BERLIN, as between TURKEY AND GREECE, by the concert of the European Powers, who acted really as a kind of COUNCIL OF ARBITRATION. MR. GLADSTONE, speaking a few days ago at the Lord Mayor's dinner, in London, on this subject, said:—"In the case of Greece we have witnessed that which I think must fill every mind with satisfaction, namely, a large adjustment of territory, which has been accomplished, I might almost say, *[Treaty of Berlin:—Turkey and Greece.]*

without an angry word, but certainly without the shedding of one drop of human blood."

Great Britain and Nicaragua.

And finally I may refer to a communication which, through the kindness of my friend, SIR CHARLES DILKE, BART., M.P., I have received from the English FOREIGN OFFICE, since I have been here, and which is to this effect: "There is reason to believe that Arbitration has been again successful in a long standing controversy between Her Majesty's Government and the Government of NICARAGUA. The points at issue arose under the Treaty, concluded in 1860, between the two Governments, and related to the nature of the Sovereignty of Nicaragua over the MOSQUITO INDIANS and their Government, to the annuity payable by Nicaragua for their benefit, to the freedom of the Port of Greytown, and to the British right of intervention. After a long and somewhat angry correspondence, it was agreed to submit the points at issue to the Arbitration of the Emperor of Austria, who has, I believe, just delivered his award, which is not unfavourable to the contention of Her Majesty's Government."

Chili and the Argentine Republic.

While this is passing through the press, we receive the report of another successful Arbitration. The long-standing dispute between the Republic of Chili and the Argentine Republic, on the question of their frontier boundary, has been arranged by the good offices of the United States' Ministers accredited to those countries. After a full and minute description of the line of boundary agreed upon, it is added:—"The waters of the Strait of Magellan are for ever neutralised and its free navigation ensured to the flags of all nations; and the raising on either of its banks of fortifications or other military establishments is forbidden."

Other Arbitrations.

I am by no means certain that I have exhausted the list. I have mentioned only those that have come under my own observation. There may be others which I have not known, or not noticed. For there is this difference between the two methods of dealing with international disputes. Arbitration is quiet, unostentatious, often transacted so silently, that it attracts little attention from the outer world. But war is loud, noisy, demonstrative, dazzling the eyes of men with its sinister glory, filling their ears with its violence and clamour, so that everybody is obliged to look and listen. The one is like the great and strong wind which rent the mountains and broke in pieces the rocks. The other is like the still, small voice, far more penetrative and prevailing, because it is the voice of truth, the voice of justice, the voice of God.

I do not wish to attach more importance to this recital than it deserves. But surely there is ground here for encourage-ment and hope. Here are about a dozen instances, *within eight years*, in which nations have had recourse to Arbitration, and in every case, so far as I know, with absolute success. It may be said, for there is a curious propensity in a certain class of minds, to minimise, or to reduce the significance of, these moral conquests for humanity, that, after all, the cases I have cited, concern only minor matters in the relations of States. In the first place, that is not quite correct, as a question of fact. Some of them were differences of a very grave character, which might easily have ripened into formidable quarrels; but whether minor or major, no one competently acquainted with history can deny that they were *such* disputes as, in former times, have frequently led to desolating and sanguinary wars. Again, we may be told, that isolated cases of Arbitration are of little value. I say, on the contrary, they are of great value. Each case becomes *an example and a precedent*; and precedents have a tendency to settle into *law*. This, indeed, should be our aim, as Members of this Association, to induce nations and governments to give systematic consistency to these happy tendencies of the age, to reduce Arbitration into *a recognized and authoritative part of International Law.*

Encouragements for the future.—Precedents.

But there is something more than these isolated acts of Arbitration on which we may dwell with some complacency. I hope there are signs of AN IMPROVED TEMPER on the part of nations and governments in regard to this question. That is

Improved Spirit of Diplomacy

most certainly the case in regard at least to one nation and Government. I refer to the case of the UNITED STATES; and I refer to it with special pleasure in the presence of so many citizens of that great Republic. The three last PRESIDENTS have most honourably distinguished themselves in this respect. I have already referred to the service of PRESIDENT GRANT as an arbitrator between China and Japan. But that is not all I have to say of President Grant. On his return to America, after his voyage round the world, an address was presented to him by the "Pennsylvania Peace Society," and in reply he used these admirable words :—"Though I have been trained as a soldier, and have participated in many battles, there never was a time when, in my opinion, some way could not have been found of preventing the drawing of the sword. I look forward to an epoch when A COURT, RECOGNISED BY ALL NATIONS, will settle international differences, instead of keeping large standing armies, as they do in Europe."

PRESIDENT HAYES, in his INAUGURAL ADDRESS, used these words :—"The policy inaugurated by my honoured predecessor, President Grant, of submitting to Arbitration grave questions in dispute between ourselves and foreign Powers, points to a new and comparatively the best instrumentality for the preservation of peace, and will, I believe, become a beneficent example to be pursued in similar emergencies by other nations. If, unhappily, questions of difference should, at any time during the period of my administration, arise between the United States and any foreign Government, it will certainly be my disposition and my hope to aid in the settlement in the same peaceful and honourable way, thus securing to our country the great blessings of peace and mutual good offices with all nations of the world."

In the same spirit MR. EVARTS, SECRETARY of STATE, under President Hayes's Government, in speaking to a deputation, from a Peace Society, which waited upon him, said :—"It is the deliberate purpose of this Administration to arbitrate

President Grant.

President Hayes.

every case of difficulty, or difference, that may arise between this country and any other."

And, lastly, comes PRESIDENT GARFIELD, struck down by a felon hand at the outset of his official career, but destined I hope—a hope in which the millions of Europe join as cordially as the millions of America*—to be spared to render great services to his country and kind. In taking leave of SIR EDWARD THORNTON, so long British Ambassador at Washington, he singled out for special commendation the valuable aid which that distinguished diplomatist had given, in successfully settling "serious and possibly bitter differences between the two countries by peaceful methods." "The zeal and ability," he added, "with which you strove to engraft the principle of INTERNATIONAL ARBITRATION upon the LAW OF NATIONS, aided in this good result, and in establishing a beneficent rule for the future conduct of all Governments."

President Garfield.

It is impossible to exaggerate the importance and value of the influence which the UNITED STATES may exercise, in this respect, over Europe and the world. No doubt they are placed in a position of great advantage to render this great service to humanity. Free from the hereditary rivalries, the sinister jealousies and the evil traditions that have struck their roots so deeply into the soil of the old world, they are at liberty to follow the dictates of reason and justice and sound policy. But by stedfastly adhering, in their intercourse with other nations, to the principles enunciated by the THREE PRESIDENTS whose words I have cited, they will give an example, the beneficent results of which to themselves will become so conspicuously clear, that it cannot fail to arrest the attention of other States. As President Grant intimates, they will be able to dispense with, and are in fact dispensing with, those enormous armaments, which European countries imagine themselves bound to maintain, in order to enforce the wager of battle, which they are always anticipating as the only means to which they can trust of adjusting their quarrels.

---

* Most unhappily this hope has not been realised.

Arbitral
Clauses in
Treaties.

And surely the conviction will gradually dawn upon the minds of European Statesmen that by clinging to the old system of armed and mutual menace, as the only condition on which the nations can live side by side, they are very heavily weighting their own people, in the race, not only of civilisation and humanity, but of national progress and prosperity. One obvious method by which the Government of the United States can help on this great reform is, by proposing (which I believe they are prepared to do) to enter into Treaties with the great Governments of Europe, binding the parties *beforehand*, whenever any differences arise between them, to refer those [differences to ARBITRATION. If this arrangement should prove successful, as it could hardly fail to do, the Governments of Europe may be tempted to follow their example, in their relation to each other, and thus the foundation might gradually be laid for a COURT OF NATIONS, which might become the great Tribunal of Humanity.

Action of
Legislative
Bodies.

This paper would not be complete without a passing reference to the action taken, within the same period of eight years, by various Legislative bodies on this question. On the 8th of July, 1873, I had the good fortune to carry a motion in favour of Arbitration in the British House of Commons. This example was followed soon after by several other Parliaments. On November 24th, 1873, Signor Mancini introduced a similar motion in the Italian Chamber of Deputies, which passed by a unanimous vote. On June 17th, 1874, the Hon. Mr. Woodford proposed and carried a motion to the same effect in the House of Representatives at Washington, which was subsequently passed also by the Senate of the United States.

On March 21st, 1874, the Second Chamber of the Swedish Diet, on the proposal of Mr. Jonas Jonassen, adopted a similar resolution.

On November 27th, 1874, M. Van Eck brought the subject before the States-General of the Netherlands with the same happy result. On January 19th, 1875, M. A. Couvreur carried an Arbitration motion in the Belgian Chamber of Deputies, and the same motion was afterwards adopted unanimously by the Senate; and although the question has not yet been formally brought forward in the French Assembly, a resolution was carried there in 1878 referring a petition that had been presented on the subject to the Minister of Foreign Affairs, "to whom," it was added, "shall be left in charge to determine the opportune moment when this idea, already tried with success, should be submitted for the consent of States whose constitution and principles are best adapted for seeking in concert its realisation."

These facts also must surely be regarded as full of hopeful significance, since they prove that the people in the different nations of the world have expressed through their representatives their readiness to support their respective Governments in adopting a more rational method of settling their disputes than by an appeal to the sword.

An interesting discussion followed the reading of MR. RICHARD'S paper.

Discussion on Mr. Richard's Paper.

MR. DAVID DUDLEY FIELD (of New York) hoped the time would come when a clause providing for International Arbitration would be introduced into all Treaties.

SIR TRAVERS TWISS observed that in almost all Treaties of Commerce a clause was now introduced providing for Arbitration in all cases of difficulty and dispute arising out of such Treaties. It was desirable to extend this principle so as to make Arbitration a mode of settlement in all international disputes. There were a large number of cases in which doubts arose as to the construction and meaning of dubious clauses in Treaties themselves; and as a Treaty, when made, was regarded as positive law, it became a dead letter when disputes arose upon any clauses of the Treaty.

MR. HINDE PALMER, Q.C., suggested that if any dispute arose upon any clause of a Treaty, as to the construction and meaning of that clause, such dispute might be very properly referred to Arbitration.

MR. LANE, of the Japanese Embassy, feared that such wars as that concluded in America in 1865, and that between France and Germany, could not have been settled by Arbitration.

Mr. FREELAND (formerly M.P. for Chichester) moved, and Mr. JENCKEN seconded, a resolution which was carried with acclamation—

"That the thanks of the CONFERENCE be presented to Mr. RICHARD for his paper, and that it be printed separately, and circulated by the Association."

Mr. DAVID DUDLEY FIELD moved, JUDGE PEABODY (of the United States) seconded, and REV. DR. MAGOUN (of Iowa College, U.S.A.) supported, another Resolution, which was also unanimously adopted, as follows:—

"That this CONFERENCE observes with great satisfaction the increasing frequency with which the nations of the world have recourse to ARBITRATION for the settlement of their disputes. But while rejoicing over each separate instance of the successful application of this principle, it earnestly hopes that the time is not far distant when all civilised Governments will unite to make Arbitration a permanent and authoritative part of the LAW OF NATIONS. And it is highly desirable, in the judgment of this Conference, that in all International conventions there should be inserted an article providing that, if any dispute should arise between the contracting parties under the Treaty, the settlement of the dispute should be referred to Arbitration.".

Wertheimer, Lea & Co. Printers Circus Place London Wall.

ESSAI SUR L'ORGANISATION

DE

L'ARBITRAGE INTERNATIONAL

MÉMOIRE AUX PUISSANCES

PAR

Le Chevalier DESCAMPS

SÉNATEUR DE BELGIQUE

PRÉSIDENT DE L'UNION INTERPARLEMENTAIRE

AVEC LE

Projet d'Institution d'une Cour permanente d'Arbitrage international

ADOPTÉ PAR LA CONFÉRENCE INTERPARLEMENTAIRE DE BRUXELLES

(SESSION DE 1895)

ET LE

RAPPORT PRÉSENTÉ A LA CONFÉRENCE

PAR M. HOUZEAU DE LEHAIE

ANCIEN MEMBRE DE LA CHAMBRE DES REPRÉSENTANTS DE BELGIQUE

BRUXELLES

E. GUYOT, imprimeur du Sénat de Belgique

RUE PACHÉCO, 12

—

1896

TABLE

ESSAI

SUR

L'ORGANISATION DE L'ARBITRAGE INTERNATIONAL

La Conférence interparlementaire de Bruxelles, composée de membres appartenant à quatorze parlements européens, a chargé son Président de recommander
à l'examen bienveillant des États civilisés un projet adopté par elle et concernant
l'établissement d'une Cour permanente d'arbitrage.

C'est en l'acquit de ce mandat qu'a été écrit le présent *Essai sur l'organisation de l'arbitrage international*.

L'auteur ne s'est pas dissimulé les difficultés de sa tâche. Devant le but élevé
qui lui était marqué, en face d'une œuvre dont la réalisation même partielle
constituerait sans doute un grand bienfait, il a consulté moins ses forces que le
sentiment du devoir.

Il prie les Puissances d'accueillir ce travail comme un modeste et sincère
effort fait pour servir deux causes étroitement unies : celle de la justice et celle
de la paix.

I. — Les formes de la justice internationale.

Il n'est pas un État civilisé qui ne reconnaisse que les rapports entre nations
doivent reposer sur le droit et être réglés, en cas de différend, selon la justice. La
Société internationale ne se conçoit pas sans la réciprocité des droits nationaux.
Mais où est le droit et comment réaliser la justice ?

Dans les sociétés de subordination, comme les sociétés politiques, le problème
est résolu au point de vue positif par l'existence et l'organisation des pouvoirs législatif, judiciaire et exécutif, pourvoyant respectivement à l'élaboration de la loi
sociale, à son application, à son exécution. Dans les sociétés de coordination, comme
la société internationale, la question est plus compliquée.

Il existe sans doute un droit international dont chaque nation peut se réclamer
dans ses rapports avec les autres nations. Ce droit a pour sources positives principales la coutume et les conventions. Nul État ne pourrait s'en déclarer affranchi
sans briser le lien qui le rattache à la communauté des peuples civilisés.

A côté de ce droit universel, il peut y avoir un droit conventionnel spécial à quelques nations particulières et obligatoire pour elles seules.

Mais il faut reconnaître que le droit international est loin d'être toujours suffisamment développé et précisé. La conciliation entre les deux principes de souveraineté nationale et de communauté internationale qui sont à la base du droit des gens n'est réalisée que fort imparfaitement. D'autre part il n'existe pas, dans la société des nations, de pouvoir supérieur à qui appartienne l'interprétation authentique des règles juridiques communes. Il en est de même de l'application de ces règles aux particularités de la vie internationale ainsi que de leur exécution. Comment pourvoir à l'accomplissement de ces fonctions nécessaires à la réalisation du droit ?

Lorsqu'un conflit grave surgit entre États, s'il ne peut se résoudre en un désistement ou en un amiable accord, soit à la suite de négociations directes, soit à l'intervention de puissances tierces, deux voies décisives s'offrent aux parties litigantes : la procédure guerrière, la procédure arbitrale.

La guerre — en tant qu'on la peut distinguer de la violence pure ou d'une lutte arbitraire d'intérêts sans frein, — la guerre que légitime le droit international est essentiellement une procédure justicière. Elle est la sanction extrême et suprême des revendications juridiques entre nations. Revendications juridiques, disons-nous ; car, pour les peuples civilisés, le droit seul peut autoriser l'emploi de la force et de la contrainte contre l'homme. La haute considération qui entoure l'armée dans les divers pays ne tient-elle pas à ce que ses représentants nous apparaissent à la fois comme la bravoure et l'honneur au service du patriotisme, et la force au service du droit dans ce qu'il a de plus sacré : la défense nationale ?

Dans la procédure guerrière, chaque État s'érige en juge de ses propres revendications juridiques et entend imposer par la force sa manière de voir à son adversaire, sauf à observer, dans l'emploi des violences, les lois et coutumes admises par le droit international. Le triomphe entre les prétentions contradictoires est abandonné au sort des armes.

Dans la procédure arbitrale, les deux États conviennent de déférer la solution du litige à un juge impartial appelé à fixer le droit des parties.

Le choix de cette dernière voie n'implique pas — remarquons-le bien — une abdication, il suppose au contraire un usage éclairé de la souveraineté. Certes, il n'existe aucun pouvoir supérieur aux États qui puisse leur imposer un arbitre qu'ils n'aient point agréé. Mais rien ne s'oppose à ce qu'ils choisissent librement un juge pour leurs différends et préfèrent un mode moins imparfait d'obtenir justice, à un mode plus grossier et plus onéreux.

Non seulement l'arbitrage n'implique pas une abdication de souveraineté, mais il constitue manifestement la procédure la plus conforme à la raison, à l'humanité, à l'intérêt des parties, en tant qu'elles ne recherchent que le juste et loyale satisfaction, par la voie la moins aléatoire, de leurs revendications juridiques.

On sait dans quelle mesure inégale les deux procédures guerrière et arbitrale ont été employées jusqu'ici par les États, et l'on peut constater, l'histoire à la main, l'influence que ce choix a exercée sur les destinées du monde. Les annales de l'humanité nous montrent en même temps comment les guerres, détournées de leur fin juridique avouable, ont servi le plus souvent d'instruments aux passions humaines, de prétexte aux assauts de la force pure ou à la recherche d'intérêts auxquels toute justice était étrangère. Le bien a pu parfois sortir en quelque mesure de tels errements : les maux qu'ils ont causés sont incalculables.

Malgré la prédominance écrasante de la guerre dans la réglementation des différends entre États, la pratique arbitrale constitue cependant un moyen très ancien — et plus fréquent que d'aucuns ne l'ont pensé — de résoudre les conflits internationaux. Constatons à l'honneur de la nature humaine que presque partout, dans la mêlée des hommes luttant pour leurs droits, leurs intérêts et leurs passions, quelques-uns ont cherché à mettre en œuvre d'autres éléments de solution que la force brutale. On a rappelé à ce point de vue la belle parole que Thucydide met dans la bouche d'Archidame : « Il est impossible d'attaquer comme ennemi celui qui s'offre de répondre devant un tribunal d'arbitres. » On a recueilli dans les temps anciens non seulement des cas d'arbitrage, mais des clauses compromissoires ou stipulations de recours éventuel à des arbitres : c'est ainsi qu'un traité d'alliance de cinquante ans conclu entre Argos et Lacédémone renferme la disposition finale suivante : si un différend survient entre les parties contractantes, elles auront recours à l'arbitrage d'une ville neutre, selon la coutume de leurs aïeux. On cite encore des institutions, comme les amphictyonies, qui présentent quelque image d'un tribunal arbitral permanent. Mais ces exemples antiques devant lesquels s'inclinent pieusement les champions modernes de l'arbitrage, et qui n'ont pas toujours — il faut le reconnaître — une portée vraiment politique et internationale, ne sont que des éclairs dans la sombre et sanglante histoire des peuples. Ils ne semblent briller un instant que pour mieux marquer, d'une part, le peu de place qu'a occupé la paix juridique en face de la guerre toujours et partout triomphante, d'autre part, cette heureuse nécessité qui fait surgir parfois l'idée de l'arbitrage au sein même des sociétés primitives et aux époques les plus troublées de la vie de l'humanité. C'est l'étincelle du bon sens humain survivant à tous les égarements et à tous les effondrements de la nature humaine.

Nous ne pouvons que signaler ici la nouvelle et féconde conception des rapports internationaux développée par le Christianisme, la haute juridiction arbitrale exercée par les papes sur la chrétienté au moyen âge et les curieux essais d'arbitrage tentés durant la constitution de l'Europe moderne. Le fait qu'il importe de mettre en relief, au point de vue où nous nous plaçons, c'est que la pratique arbitrale, sans être inscrite encore en traits d'une précision définitive dans la charte commune des nations, s'est affirmée et développée de la manière la plus remarquable durant le xixe siècle. Nul, ce semble, ne peut plus méconnaître aujourd'hui le puissant et admirable mouvement qui, malgré tant de défaillances encore et tant d'abus de la force, pousse persévéramment le monde vers la solution pacifique des conflits internationaux. Si fortement organisés que nous soyons pour la guerre, nous sommes manifestement orientés vers la paix et vers les institutions qui la représentent. Et s'il est vrai, comme on l'a remarqué, que dans les temps anciens pleine carrière ait été donnée à ce qui divise les hommes, aux entreprises belliqueuses, aux conquêtes sanglantes, il est permis d'espérer que dans les temps nouveaux où nous entrons, ce qui finira par dominer, ce seront les œuvres nées d'un besoin d'union et fécondées par la collaboration pacifique des États poursuivant l'expansion de leur vie propre et la réalisation de leurs intérêts légitimes dans une harmonie réglée selon la justice et sauvegardée pour le bien commun.

II. — Les faux points de vue en matière d'arbitrage et le caractère vrai de la juridiction arbitrale internationale.

Reconnaissons-le : les efforts des partisans de l'arbitrage international ne se sont pas toujours distingués par un cachet de juste mesure et de sagesse consommée. De là les défiances et les défaveurs qui se sont attachées trop souvent à une cause grande et noble entre toutes. Il importe avant tout de dégager cette cause de certaines solidarités qui ont pu la compromettre.

On a souvent mêlé à la question de l'arbitrage dans ce qu'elle a de positif et de précis, des aspirations vagues vers la paix perpétuelle, sans base juridique, sans portée pratique. Les semeurs d'idées que l'on a appelés les « grands pacifiques », philosophes, économistes, jurisconsultes, hommes d'État même et princes couronnés, ont parfois cédé aux illusions de l'optimisme. Où les grands esprits ont erré rien d'étonnant que les foules ne s'égarent. Mais de telles aspirations — qui font à coup sûr grand honneur à notre nature — attestent plutôt les sentiments généreux, toujours vivants au cœur de l'homme, que la claire vue des conditions réelles où se meut l'humanité.

On a souvent englobé la question de l'arbitrage dans de vastes plans de recon-stitution de la société internationale sur un type nouveau : confédération des peuples, États-Unis d'Europe et même du monde. Dans ces combinaisons, un tribunal arbitral est appelé à fonctionner comme juge souverain des États. Théories aussi prématurées qu'elles peuvent être séduisantes ! Elles ont le défaut grave de faire trop bon marché de l'indépendance des nations et le malheur de faire non moins bon marché des enseignements de l'histoire. Entre la société interna-tionale actuelle avec son double mécanisme diplomatique et coercitif, et l'appareil d'une fédération ayant un pouvoir législatif international, un pouvoir judiciaire international, un pouvoir exécutif international, la distance est si grande qu'on ne peut en vérité se flatter d'obtenir d'emblée pareille transformation. Mieux vaut sans doute, après avoir constaté la situation actuelle, rechercher les moyens progressifs de l'améliorer.

Sans aller aussi loin dans la voie des réformes, sans organiser de toutes pièces la grande fédération des États civilisés, on a préconisé l'application immédiate et obligatoire de l'arbitrage aux différends de toute nature entre les États. Nous aurons à revenir bientôt sur ce point. Bornons-nous à faire observer ici que les résistances à de telles suggestions seront sans doute fort longues, au moins pour certains États, et qu'elles semblent ne pas manquer de quelque fondement, à qui considère que les litiges entre nations peuvent être d'ordres fort différents, — depuis une minime affaire d'indemnité jusqu'aux questions où l'indépendance et l'existence même d'un État sont en jeu. La sphère relativement restreinte dans laquelle se sont confinés jusqu'à ce jour la plupart des arbitrages, autorise-t-elle à concevoir présentement des espérances d'aussi vaste envergure ? Et ne faut-il pas reconnaître, en tout cas, qu'il y a des situations qui dominent les meilleures intentions ?

Il n'est pas non plus sans danger, à notre sens, de confondre dans une solidarité trop étroite la cause de l'arbitrage avec d'autres causes qui, pour le moment, semblent moins à la portée d'efforts immédiatement efficaces, comme la cause du désarmement général. Certes, on peut soutenir que l'extension et l'organisation plus stable des arbitrages sont de nature à rendre plus facile aux États une certaine diminution graduelle de leurs armements. On peut même concevoir une solution telle de la question de l'arbitrage international, qu'elle aurait, au point de vue du désarmement, des résultats plus importants encore. Mais, outre qu'une telle solution radicale est problématique, il faut bien reconnaître que les armements actuels visent des éventualités et des périls que les plus optimistes ont peine à envisager comme pouvant être conjurés par la voie purement arbitrale. La question du désarmement général, qui n'est pas à proprement parler une question de droit, a des aspects particuliers qui en font un problème à part, à étudier distinctement et à résoudre, s'il est possible, par des moyens spéciaux. La Conférence interparlementaire de Bruxelles a donc agi sagement en concentrant ses efforts sur la question de l'arbitrage comme telle, les progrès dans cette voie ne pouvant manquer de porter d'heureux fruits sur beaucoup de terrains.

A un autre point de vue, l'on ne saurait assez regretter que l'on ait parfois représenté l'arbitrage comme une institution de nature à supplanter, à certains égards, les services diplomatiques. Rien n'est plus faux, et nous nous reprocherions presque d'insister sur cette erreur grossière, si nous n'y trouvions l'occasion de préciser certains rapports de l'arbitrage avec d'autres procédures qui s'en distinguent. La vérité est que la diplomatie est appelée à jouer et jouera toujours un rôle capital au point de vue du maintien de la bonne harmonie entre les nations. Le premier et le plus simple moyen d'arranger les affaires, entre les États aussi bien qu'entre les particuliers, ce sont les négociations directes. Un négociateur expérimenté qui a su inspirer confiance, réussira souvent à aplanir un différend pour lequel l'arbitrage eût peut-être été décliné. On peut en dire autant d'une sage médiation, qui, par cela même qu'elle peut se placer sur le terrain de la conciliation et de la transaction, possède des ressources d'accommodement que ne renferme pas l'arbitrage. Il n'est donc pas profitable et il peut être dangereux de méconnaître la diversité et la gradation des moyens pacifiques de résoudre les conflits entre les États.

Il ne faut pas oublier d'ailleurs l'action préventive considérable exercée par la diplomatie en vue d'empêcher les différends de naître, ce qui vaut mieux encore que de les arranger lorsqu'ils sont nés.

Il importe également de se rappeler que tout n'est pas conflit dans la vie des États et qu'à côté des droits qui peuvent être débattus, la diplomatie est appelée à sauvegarder de nombreux intérêts dont le bon aménagement touche directement à la prospérité des nations. Sa mission et ses devoirs, comme le rappelle M. de Martens, ont « un caractère essentiellement organique, déterminé par l'ensemble des problèmes qui s'imposent aux États dans les relations internationales (1). »

Reconnaissons enfin qu'une organisation qui permet à chaque État d'être présent et agissant au centre politique des autres États, est l'expression vivante de l'idée de la solidarité internationale. Ce sont les agents diplomatiques, porte-voix des intérêts et défenseurs des droits des nations, qui ont frayé passage, pour une grande part, au droit international ; c'est par eux que sont encore comblées tous les jours, et souvent dans les conditions les plus délicates, les lacunes de l'organisation qui relie les peuples. « A mesure que les postes diplomatiques permanents s'étendent sur toute la terre, dit excellemment Bluntschli, les liens entre les États se renforcent, et l'organisation du monde comme aussi les garanties internationales grandissent et se développent (2). »

* *

Bien que la science se soit en général montrée, en matière d'arbitrage, plus circonspecte que l'opinion, certains de ses organes n'ont pas laissé de jeter quelque confusion dans les esprits par une assimilation trop forcée de l'arbitrage international avec l'arbitrage de droit privé, alors qu'il existe de grandes et nécessaires différences, et quant à la nature des litiges et quant aux moyens appropriés à leur solution.

D'autres organes scientifiques n'ont pas suffisamment dégagé, dans le problème étudié par eux, la diversité des points de vue auxquels on peut se placer : point de vue actuel et point de vue historique, point de vue juridique et point de vue politique, point de vue positif et point de vue philosophique. De là, dans certains écrits où domine le point de vue positif, des envolées soudaines vers des régions trop élevées pour être immédiatement accessibles, envolées dont on a pris texte pour critiquer trop vivement des études d'ailleurs fort sérieuses, pleines de précieuses recherches.

Il ne faut pas être si sévère à ces nobles élans.

---

(1) F. de Martens. *Traité du droit international*, traduit du russe par Alfred Leo, tome II, p. 17.
(2) Bluntschli. *Le droit international, codifié.* Traduction de Lardy. Introduction, p. 22.

A coup sûr, lorsque l'on considère les étapes civilisatrices parcourues par l'humanité, les conquêtes réalisées par elle de nos jours dans tous les ordres, et le merveilleux courant de progrès qui emporte notre siècle vers des destinées sans précédent, il ne serait pas prudent d'affirmer que l'organisation fort rudimentaire encore de la société internationale demeurera ce qu'elle est. On peut même, sans être fort téméraire, affirmer que l'état actuel n'est pas un état définitif. Autre chose est de se montrer réservé quant à la réalisation d'idées nouvelles, autre chose de qualifier ces idées de chimériques. Que de progrès ont été à l'origine taxés de cette manière par des esprits trop étroits ou prévenus! Le progrès avec sa projection idéale sur l'avenir ne doit pas être confondu avec l'utopie et ses rêves. L'utopie est une fantaisie de l'imagination sans point d'appui solide dans la réalité; le progrès est un perfectionnement de la réalité conforme à un besoin véritable et à une tendance naturelle. L'utopie est la chimère en acte; le progrès est le réel en puissance et en devenir. Il n'est pas seulement une belle chose possible, il est pour nous l'expression d'un devoir. Il est la loi de l'humanité.

Au point de vue spécial qui nous occupe, ce n'est pas une témérité de prévoir l'achèvement, sur certains points, d'un édifice que l'histoire a en partie construit et auquel travaillent des ouvriers de plus en plus nombreux, de plus en plus convaincus et puissants.

L'humanité, dans son évolution progressive, tend chaque jour davantage à donner pour assise à sa constitution le respect du droit. Pour qui sait voir, l'empire du droit se fortifie et s'étend ; le règne de la force et de la barbarie recule peu à peu devant lui. Le développement, dans la société internationale, d'institutions positives correspondant à cette marche ascendante du droit, est un phénomène normal et nécessaire. La formation d'un état juridique plus stable entre nations par l'extension et l'organisation de l'arbitrage international, loin d'apparaître comme une utopie, se présente donc à nous comme la conséquence d'une évolution commencée par l'histoire et qui se continue sous nos yeux.

Mais l'histoire elle-même nous apprend que le progrès dans l'humanité s'accomplit par étapes. Gardons-nous d'attribuer à l'arbitrage des proportions et des prétentions qui auraient pour conséquence de décourager les bonnes volontés et de stériliser des efforts qui peuvent et qui doivent aboutir. Conservons avec soin à cette forme de procédure internationale sa physionomie propre et l'originalité de son allure.

L'arbitrage est une institution de droit conventionnel entre nations offrant le caractère d'une juridiction essentiellement volontaire dans son fondement comme dans sa compétence, et dont l'économie se réduit à déférer de commun accord la solution de certaines contestations nées ou à naître entre États au jugement d'une ou de plusieurs personnes ayant mission de déclarer authentiquement et d'une manière décisive le droit des parties litigantes. Cette simple caractéristique suffit à mettre en relief les avantages de la procédure arbitrale et à justifier le mouvement qui s'est dessiné de nos jours en sa faveur au sein des États civilisés.

III. — Les facteurs du mouvement en faveur de l'arbitrage.

Le mouvement en faveur de l'arbitrage a présenté des phases diverses ; il est le produit de facteurs multiples qu'il faut distinctement signaler.

L'opinion publique — un de ces facteurs — s'est souvent et énergiquement prononcée, en divers pays, dans un sens favorable à ce mode de solution des conflits internationaux, et elle l'a fait parfois, nous l'avons dit, d'une manière plus enthousiaste que réfléchie. L'énorme poids des charges militaires, les armements sans cesse croissants, la menace de conflits terribles et de conflagrations plus redoutables encore, les incertitudes de l'avenir, même pour les peuples qui se croient le mieux préparés à une lutte éventuelle, l'horreur qu'inspire la guerre même à ceux qui ne la craignent point, les hécatombes humaines et les ruines matérielles qu'elle entraîne, tout cela est de nature à faire apprécier les bienfaits d'une institution qui tend directement à éliminer au moins certaines causes de froissement entre les États et à aplanir des différends qui pourraient s'étendre et s'envenimer.

La presse, ce puissant organe moderne de l'opinion, cette grande et infatigable pourvoyeuse qui fournit de nos jours à tant de millions d'êtres humains le pain quotidien de la vie intellectuelle, la presse, après s'être montrée à l'origine indifférente ou hostile — et sans être encore complètement à l'abri de ce reproche que lui faisait déjà Bentham de « répandre parfois de l'huile sur le feu » — s'est transformée de plus en plus en auxiliaire vigilant du mouvement en faveur de l'arbitrage dans les deux mondes. Cette évolution s'est accentuée dans les grands journaux périodiques de tous les partis ; elle s'est accusée par la création et la multiplication d'organes spéciaux destinés à la propagation des idées de paix et d'arbitrage.

Le mouvement que nous décrivons a encore trouvé un puissant instrument d'action dans l'association, cet admirable levier de tant d'entreprises généreuses. Nous n'avons pas à faire ici le dénombrement des sociétés, ligues, groupes, qui, réunis sous les drapeaux les plus différents, composent ce que l'on a appelé la « pacifique armée de l'arbitrage international ». Ces associations formées d'abord en Amérique, puis transportées en Angleterre, ont essaimé dans tous les pays.

Le bureau international de la Paix a publié dans sa correspondance autographiée une liste de cinquante-quatre sociétés américaines et de quarante sociétés européennes. Ces ligues nationales ont contribué beaucoup à populariser la cause de l'arbitrage au sein des divers États, et elles ont dans certains cas exercé une influence notable sur l'attitude des gouvernements. Elles se sont épanouies en congrès internationaux, où tous ceux qui s'efforcent de réaliser la paix par le droit, ont appris à se connaître, à s'unir en un faisceau plus serré, à donner plus d'élan à leurs aspirations communes, plus de rayonnement à leurs idées communes, une efficacité plus grande enfin à leurs efforts communs (1).

*
* *

La science, de son côté, après quelques tâtonnements inévitables au début, s'est nettement orientée dans cet ordre, et elle a rempli fidèlement la mission de lumière qui lui revient dans l'exposition des problèmes que pose le droit des gens, et dans la préparation des meilleures solutions que ces problèmes comportent.

Rendons d'abord hommage aux efforts collectifs faits par une association de jurisconsultes appartenant aux divers États, et rappelons qu'au lendemain du célèbre procès de l'Alhabama, l'Institut de droit international, qui met la science au service du progrès dans les relations entre les peuples, s'occupait d'une manière approfondie de la question de l'arbitrage. Donnant à son œuvre ce cachet pratique qui distingue ses travaux, il élaborait un Règlement-type de procédure arbitrale dont il recommandait l'adoption éventuelle, en tout ou en partie, aux États qui concluraient des compromis (2). Dès le jour même de sa naissance, l'Institut avait d'ailleurs formulé ses aspirations en ces termes : « Nous aspirons à substituer, du moins dans la plupart des cas, aux chances aveugles de la force et à la prodigalité inutile du sang humain un système de jugements conformes au droit (3). »

Depuis lors, le problème de l'arbitrage a été le point de mire d'un ensemble de travaux des plus remarquables. La bibliographie des ouvrages, études, monographies, mémoires publiés sur cette matière, le plus souvent par des hommes de haute compétence, remplirait à elle seule un volume (4). Envisageant la question sous tous ses aspects, rassemblant les éléments de fait et de droit propres à faciliter une heureuse solution, élucidant les points délicats et controversés, les œuvres dont nous parlons ont répandu une vive lumière sur toutes les parties de ce beau domaine si large ouvert à l'activité des jurisconsultes modernes.

On sait qu'il y a peu d'années, à l'Institut de France, l'Académie des sciences morales et politiques mit au concours ce sujet : « L'arbitrage international, son passé, son présent, son avenir, » attestant par là la place qu'elle accordait

(1) Le premier Congrès universel de la Paix a siégé à Paris en 1889 ; le deuxième s'est réuni en 1890 à Londres ; le troisième en 1891 à Berne, où l'on a voté la création d'un bureau permanent ; le quatrième à Berne encore en 1892 ; le cinquième à Chicago en 1893 ; le sixième à Anvers en 1894. Parmi les résolutions qui ont été votées à ce dernier Congrès, citons celle qui a trait à l'institution d'une Cour internationale d'arbitrage. Rappelons encore ici la série plus ancienne de Congrès tenus à Bruxelles en 1848, à Paris en 1849, à Francfort en 1850.

(2) Voir le Tableau général de l'organisation, des travaux et du personnel de l'Institut de droit international pendant les deux premières périodes décennales de son existence (1873-1892), par M. ERNEST LEHR, secrétaire général, p. 123.

(3) Revue du droit international, 1873, p. 675. Discours de M. MANCINI.

(4) Un Essai de bibliographie de la Paix a été publié en 1891 par M. LAFONTAINE. Les suppléments paraissent dans les Annales de la Paix. L'auteur publie dans la Revue : La Conférence interparlementaire, une Histoire documentaire des arbitrages internationaux renfermant le texte de tous les compromis et de toutes les sentences arbitrales.

dans ses préoccupations à cette importante question. Au moment où la Compagnie fut appelée à statuer sur cet intéressant tournoi scientifique, l'éminent rapporteur, M. Arthur Desjardins, constata avec joie que peu de concours avaient à ce point comblé, pour ne pas dire dépassé les espérances de l'Académie (1). Dès 1873, d'ailleurs, l'Académie s'était occupée d'une manière approfondie de la question, à l'occasion du mémoire de M. Charles Lucas sur *la Substitution de l'arbitrage à la voie des armes.*

Rappelons encore que la question de l'arbitrage a fait l'objet des délibérations de l'assemblée générale tenue à Bruxelles, il y a quelques mois à peine, par l'*International Law Association* (Association pour la réforme et la codification du droit des gens) (2).

Signalons enfin les débats du Congrès juridique ibéro-américain tenu à Lisbonne en 1888. Ce Congrès répondant à une question posée par l'Académie royale de jurisprudence et de législation de Madrid, a adopté unanimement les conclusions suivantes : « Il est indispensable qu'il soit institué un tribunal arbitral pour résoudre les difficultés internationales en vue d'éviter la nécessité de la guerre entre les différents peuples. Le mode de constitution de ce tribunal et le moyen de donner effet à ses décisions devraient être arrêtés en un Congrès composé des représentants de toutes les nations (3). »

Les hommes d'État qui, sans méconnaître la grande part qu'il faut attribuer, dans l'évolution du droit des gens, à des facteurs d'un ordre différent, savent combien une opinion publique forte et constante peut exercer d'influence, de nos jours surtout, sur la direction des relations extérieures et sur le droit conventionnel entre les États, les diplomates qui ont constaté le rôle historique rempli par l'interprétation scientifique dans le procédé graduel d'élaboration du droit international, ne peuvent manquer d'être attentifs aux faits que nous venons de signaler et d'en tirer de sérieuses conséquences.

*
* *

Le mouvement en faveur de l'arbitrage n'a pas seulement remué vivement l'opinion publique et rallié universellement le monde scientifique : il a conquis d'autres suffrages qui lui donnent un caractère et une portée particulièrement remarquables, en le rattachant aux sources prochaines du droit international.

Les assemblées représentatives, dans presque tous les pays, se sont occupées à

---

(1) *L'arbitrage international.* Rapport sur le concours ouvert pour le prix Bordin, par ARTHUR DESJARDINS, membre de l'Institut de France. (Comptes rendus des séances et travaux de l'Académie des sciences morales et politiques 1892, p. 85.) Le mémoire couronné à ce concours est le remarquable ouvrage de M. MICHEL REVON : *L'arbitrage international, son passé, son présent, son avenir.* Paris, 1892, qui nous a plus d'une fois aidé.

(2) *Rules relating to a treaty of international arbitration,* prepared by the special committee, appointed in London, October 10*th*, 1893. — Un rapport sur ces conclusions et un *Projet de Règlement* ont été présentés par M. ALEXANDRE CORSI. — Sur les travaux antérieurs de l'Association, cfr. ROUARD DE CARD, *op. cit.,* p. 22.

(3) TORRES CAMPOS. *Le Congrès juridique de Lisbonne.* Revue de Droit international 1889, page 243.

diverses reprises de cette question, et leur action dans cet ordre est d'autant plus à considérer qu'elle émane d'hommes investis de mandats publics par la confiance de leurs concitoyens, de représentants autorisés des populations et des diverses classes sociales. Le point de départ de cette intervention est modeste et déjà fort ancien. Dès 1835, le Sénat du Massachusetts, approuvant une pétition émanée de l'Association américaine de la Paix, déclarait qu'il fallait chercher un moyen pacifique de résoudre les dissidences internationales et que le meilleur procédé serait l'établissement d'un tribunal international (*Court of nations*) soit permanent, soit érigé d'une autre manière, selon la sage opinion des nations. Tel fut le prélude de ce grand mouvement parlementaire qui devait aboutir en Amérique à de si importantes déclarations et décisions des gouvernements et des assemblées législatives, en Europe aux démonstrations les plus nombreuses et les plus significatives.

L'ensemble des initiatives et des résolutions parlementaires, prises dans les divers pays concernant l'arbitrage, constitue une manifestation officielle, presque sans précédent au point de vue de sa généralité et de sa persistance, en faveur d'un grand progrès à réaliser dans le droit des gens moderne. Ces actes, trop nombreux pour être ici rappelés en détail (1) et qui ont d'ailleurs reçu la plus grande publicité, n'ont pas tous la même teneur ni la même portée pratique immédiate, mais ils reflètent la ferme volonté des peuples civilisés et de leurs mandataires autorisés de marcher dans la voie de l'extension et de l'organisation de l'arbitrage international.

* *

L'action parlementaire ne s'est pas d'ailleurs bornée à des manifestations isolées, émanées d'assemblées législatives d'Europe et d'Amérique. Elle s'est manifestée dans une sphère plus vaste et sous une forme collective que nous devons mettre ici brièvement en relief. C'est sur le terrain de l'arbitrage que se sont rencontrés de préférence, dans une large communauté de vues, les membres de cette Union interparlementaire, qui comprend aujourd'hui plus de 1,500 adhérents et qui était représentée à la récente conférence tenue à Bruxelles par des membres appartenant à quatorze parlements européens.

Les Conférences interparlementaires, dont le point de départ fut une assemblée préparatoire tenue à Paris le 31 octobre 1888 — une journée que l'on a appelée historique, — entre des membres du parlement britannique et du parlement français, sous la présidence de M. Frédéric Passy, se sont réunies, la première à Paris, en juin 1889, sous la présidence de M. Jules Simon ; la seconde à Londres, en juillet 1890, sous la présidence de lord Herschell ; la troisième à Rome, en novembre 1891, sous la présidence de M. Bianchieri; la quatrième à Berne, en août 1892,

---

(1) Voy. ROUARD DE CARD. *Les destinées de l'arbitrage international depuis la sentence rendue par le tribunal de Genève*, p. 59 ss. — REVON, *L'arbitrage international*, p. 199 ss. — MÉRIGNHAC, *Traité de l'arbitrage international*, p. 370. — La *Conférence interparlementaire*, revue mensuelle publiée par le bureau interparlementaire pour l'arbitrage international, fait connaître ces actes à fur et mesure qu'ils se produisent.

sous la présidence de M. Droz ; la cinquième à La Haye, en 1894, sous la présidence de M. Rahusen (1). Bruxelles a eu l'honneur d'être, en 1895, le siège de la sixième conférence (2), et Buda-Pest a été choisi comme lieu de réunion de l'assemblée qui doit se tenir en 1896.

L'Union interparlementaire possède un bureau permanent, installé à Berne, et dont M. Gobat, conseiller national, est l'administrateur général. Elle a un organe rédigé par les soins du bureau : *La Conférence interparlementaire.*

Il ne faut pas chercher dans l'Union ce qui n'y est point : l'idée d'un parlement international, le prélude des États généraux de l'Humanité. Telle qu'elle est, l'institution est déjà, dans l'état actuel de l'Europe, d'une hardiesse suffisamment déconcertante aux yeux des hommes d'État pour qu'on ne lui prête pas des proportions fantaisistes. Quoi que l'on puisse penser de son opportunité et de son efficacité, son existence seule atteste une remarquable tendance de notre époque.

Si les Conférences interparlementaires ne devaient avoir pour conséquence que de multiplier les relations personnelles entre les membres des divers parlements, de leur apprendre à se mieux connaître et partant à s'estimer de plus en plus et à s'aimer, il conviendrait d'en saluer les bienfaisants résultats. Que de difficultés peuvent être évitées ou aplanies entre les nations, que de malentendus peuvent être dissipés par le contact amical d'esprits éclairés et loyaux ! Mais l'innovation a manifestement une portée plus haute, — si haute qu'en ouvrant la Conférence de La Haye, M. le Ministre de l'intérieur des Pays-Bas n'a pas craint de dire « qu'aucune cause à laquelle il lui fût donné de vouer ses forces n'égalait en grandeur l'œuvre de l'Union interparlementaire. » Dégagée des éléments trop idéalistes qui pourraient la compromettre et qui sont étrangers sans doute à l'esprit d'hommes mêlés à la vie parlementaire, cette œuvre répond à de vivaces aspirations de notre temps. Elle atteste un des plus remarquables progrès du siècle dans l'ordre des relations internationales. Elle est un des plus beaux fruits et peut-être le signe le plus caractéristique du grand mouvement d'opinion que nous avons signalé et qui, malgré tant de préparatifs d'armements formidables, pousse le monde dans les voies de la pacification internationale.

Les membres de l'Union interparlementaire se placent avant tout sur un terrain positif. Ils n'ont nulle prétention de régénérer l'humanité en proclamant la paix perpétuelle. Ils sont et veulent rester tout à la fois, dans l'acception harmonique de ces mots, des hommes de pratique et des hommes de progrès.

Hommes de pratique, ils tiennent compte des situations et des faits qu'il ne leur est pas donné de modifier. Ils savent distinguer, dans le milieu contemporain, les problèmes auxquels ils ne pourraient toucher sans faire œuvre vaine ou dangereuse, sans

(1) Frédéric Passy : *La question de la paix (Monde économique* nos 13 et 20 janvier 1894).

(2) M. Beernaert, ministre d'État, président de la Chambre des Représentants et président du groupe belge de l'Union interparlementaire, retenu à Ems par la maladie, n'a pu diriger les travaux de l'assemblée, au grand regret de tous les membres. La présidence a été dévolue au président du groupe sénatorial de l'Union. La conférence a été honorée de la présence de MM. de Burlet, chef du cabinet, ministre des affaires étrangères ; Begerem, ministre de la justice, et Nyssens, ministre de l'industrie et du travail. Ce dernier a prononcé le discours d'ouverture, où il a résumé l'œuvre de la Conférence en cette devise : « *Faire reculer la force et faire avancer le droit !* »

éveiller la discorde au lieu de produire la pacification. Ils savent aussi d'expérience que pour atteindre un bon résultat, il importe souvent de pratiquer la loi de la convergence des efforts sur un point nettement défini et particulièrement accessible. C'est pourquoi ils concentrent, comme nous l'avons déjà fait observer, la meilleure part de leur activité sur la grande question de l'arbitrage, qui domine d'ailleurs à certains points de vue la plupart des autres questions et peut exercer sur elles une influence considérable.

Mais si les membres de la Conférence interparlementaire tiennent à se maintenir sur un terrain essentiellement pratique, ils ont foi, d'autre part, une foi inébranlable dans le progrès, et surtout dans le développement de cette grande loi de solidarité qui est appelée à produire ses effets dans les relations extérieures des États comme dans leurs relations intérieures, et qui fera du xxme siècle, si nous le voulons, une époque de large pacification nationale et internationale.

Les écueils que peut rencontrer une telle œuvre sont trop visibles pour qu'il soit nécessaire d'y insister. L'Union interparlementaire, à l'origine, a failli un instant s'y briser : elle a ressenti dans son sein le choc violent et brûlant des nationalités. Elle a résisté cependant et tourné à bien une épreuve due à l'inexpérience inséparable des débuts. Elle sait aujourd'hui que si elle doit vivre, c'est au prix non d'un effacement ou d'un désintéressement complet devant les grandes questions internationales pendantes, mais d'une sage limitation de ses objectifs immédiats et d'une constante modération d'allures qui ne permette pas de lui supposer les visées d'un corps parlementaire international essayant de s'élever au-dessus des parlements nationaux. Elle n'aspire à être qu'une modeste messagère de raison et de justice, de conciliation et de paix. Fonctionnant dans ces conditions, elle peut rendre de grands services à la sainte cause du rapprochement fraternel des peuples. Nous espérons pouvoir démontrer tout à l'heure qu'elle l'a fait déjà. En tout cas, elle a contribué à mettre en plus vive lumière, dans une sphère élevée, le lien qui unit les institutions représentatives de tous les pays à la cause de l'arbitrage international.

IV. — L'état actuel du droit international positif en matière d'arbitrage.

Après avoir constaté la diversité et l'importance des manifestations qui se sont produites en faveur de l'arbitrage, nous avons à signaler la pénétration effective — dans une mesure plus grande qu'on ne le croit souvent — de la pratique arbitrale dans le droit positif international. Ici nous nous trouvons en présence de précédents juridiques, de règles consacrées par le droit conventionnel entre États.

Le développement du droit des gens dans cet ordre, principalement durant la seconde moitié du xixme siècle, nous amène à constater les faits suivants :

I. — *Multiplication des cas de recours effectifs à l'arbitrage.* — Une récente publication anglaise (1) recense cent douze cas depuis 1815, et l'on peut observer qu'une

---

(1) *The proved practicability of international arbitration*, London, 1895.

partie de ces cas se rapporte à des litiges irritants et redoutables. Cette statistique n'est pas complète à certains égards; à d'autres égards, elle l'est trop en ce sens qu'elle assimile à des arbitrages des solutions qui s'en différencient. Mais l'exactitude mathématique est secondaire ici : ce qui n'est pas contestable, c'est que les cas d'arbitrage, fort clairsemés à l'origine, offrent à l'annaliste une moisson de plus en plus riche de précédents juridiques intéressants.

II. — *Insertion dans beaucoup de traités de clauses d'arbitrage visant des séries entières de contestations éventuelles.* — Ces clauses sont insérées le plus souvent dans l'acte même qui crée entre divers États un droit conventionnel nouveau; elles résultent aussi parfois d'un acte spécial postérieur ayant pour objet propre la stipulation compromissoire.

L'économie de ces stipulations est remarquable. Nous y voyons les États s'efforçant de se protéger contre leurs propres entrainements dans l'avenir, adoptant la voie des solutions pacifiques avant la naissance des litiges et créant dans certaines zones de leurs relations une paix prévoyante appuyée sur un traité.

Ces dispositions, que l'on considérait en 1856 comme un *desideratum* scientifique, se multiplient beaucoup de nos jours. L'Italie en a pris, depuis 1873, l'initiative régulière à la suite de l'accueil favorable fait par le parlement italien à la motion de M. Mancini recommandant au ministre des affaires étrangères d'introduire dans les traités une clause portant que les difficultés sur l'interprétation et l'exécution de ces Actes seraient déférées à des arbitres. Récemment le Sénat de Belgique a eu l'heur d'approuver quatre clauses arbitrales en un même jour, le 24 juin 1895, à l'occasion des traités de commerce conclus avec la Grèce (traité du 13/25 mai 1895, art. 21), le Danemarck (traité du 18 juin 1895, art. 20), la Suède (traité du 11 juin 1895, art. 20) et la Norwège (traité du 11 juin 1895, art. 20). Ainsi se resserrent peu à peu sur certains points, de nation à nation, les mailles du réseau arbitral.

Déjà, d'ailleurs, on peut signaler, à côté de nombreuses conventions particulières, des actes où intervient la généralité des États.

Bien que la médiation soit distincte de l'arbitrage, le caractère pacifique commun de ces deux procédures et leur affinité à plus d'un égard nous permettent de rappeler ici, à cause de son importance, le vœu contenu dans le XXIIIᵉ protocole du Congrès de Paris de 1856 (1).

Mentionnons encore l'obligation de la médiation et les prévisions d'arbitrage,

(1) *Congrès de Paris, séance du 14 avril 1856.* (*Protocole nᵒ XXIII.*) — M. le Comte de Clarendon, ayant demandé la permission de présenter au Congrès une proposition qui lui semble devoir être favorablement accueillie, dit que les calamités de la guerre sont encore trop présentes à tous les esprits pour qu'il n'y ait pas lieu de rechercher tous les moyens qui seraient de nature à en prévenir le retour; qu'il a été inséré, à l'article 7 du Traité de paix, une stipulation qui recommande de recourir à l'action médiatrice d'un État ami, avant d'en appeler à la force, en cas de dissentiment entre la Porte et l'une ou plusieurs des autres puissances signataires.

M. le premier Plénipotentiaire de la Grande-Bretagne pense que cette heureuse innovation pourrait recevoir une application plus générale et devenir ainsi une barrière opposée à des conflits qui, souvent, n'éclatent que parce qu'il n'est pas toujours possible de s'expliquer et de s'entendre.

Il propose donc de se concerter sur une résolution propre à assurer, dans l'avenir, au maintien de la paix cette chance de durée, sans toutefois porter atteinte à l'indépendance des Gouvernements.

M. le Comte Walewski se déclare autorisé à appuyer l'idée émise par M. le premier Plénipotentiaire de la contenues dans l'article 12 de l'Acte général de la Conférence de Berlin du 16 février 1885 (1).

Grande-Bretagne ; il assure que les Plénipotentiaire de la France sont tout disposés à s'associer à l'insertion au protocole d'un vœu qui, en répondant pleinement aux tendances de notre époque, n'entraverait d'aucune façon la liberté d'action des Gouvernements.

M. le Comte de Buol n'hésiterait pas à se joindre à l'avis des Plénipotentiaires de la Grande-Bretagne et de la France, si la résolution du Congrès doit avoir la forme indiquée par M. le Comte Walewski ; mais il ne saurait prendre, au nom de sa Cour, un engagement absolu et de nature à limiter l'indépendance du Cabinet Autrichien.

M. le Comte de Clarendon répond que chaque Puissance est et sera seule juge des exigences de son honneur et de ses intérêts ; qu'il n'entend nullement circonscrire l'autorité des Gouvernements, mais seulement leur fournir l'occasion de ne pas recourir aux armes toutes les fois que les dissentiments pourront être aplanis par d'autres voies.

M. le Baron de Manteuffel assure que le Roi, son auguste maître, partage complètement les idées exposées par M. le Comte de Clarendon ; qu'il se croit donc autorisé à y adhérer et à leur donner tout le développement qu'elles comportent.

M. le Comte Orloff, tout en reconnaissant la sagesse de la proposition faite au Congrès, croit devoir en référer à sa Cour, avant d'exprimer l'opinion des Plénipotentiaires de la Russie.

M. le Comte de Cavour désire savoir, avant de donner son opinion, si, dans l'intention de l'auteur de la proposition, le vœu qui serait exprimé par le Congrès s'étendrait aux interventions militaires dirigées contre des Gouvernements de fait, et cite, par exemple, l'intervention de l'Autriche dans le royaume de Naples en 1821.

Lord Clarendon répond que le vœu du Congrès devrait admettre l'application la plus générale; il fait remarquer que, si les bons offices d'une autre Puissance avaient déterminé le Gouvernement Grec à respecter les lois de la neutralité, la France et l'Angleterre ne seraient très probablement abstenues de faire occuper le Pirée par leurs troupes ; il rappelle les efforts faits par le Cabinet de la Grande-Bretagne, en 1823, pour prévenir l'intervention armée qui eut lieu, à cette époque, en Espagne.

M. le Comte Walowski ajoute qu'il ne s'agit ni de stipuler un droit, ni de prendre un engagement; que le vœu exprimé par le Congrès ne saurait, en aucun cas, aliéner la liberté d'appréciation que toute Puissance indépendante doit se réserver en pareille matière; qu'il n'y a donc aucun inconvénient à généraliser l'idée dont s'est inspiré M. le Comte de Clarendon et à lui donner la portée la plus étendue.

M. le Comte de Buol dit que M. le Comte de Cavour, en parlant, dans une autre séance, de l'occupation des Légations par des troupes Autrichiennes, a oublié que d'autres troupes étrangères ont été appelées sur le sol des Etats Romains. Aujourd'hui, en parlant de l'occupation par l'Autriche du Royaume de Naples en 1821, il oublie que cette occupation a été le résultat d'une entente entre les cinq grandes Puissances réunies au Congrès de Laybach. Dans les deux cas, il attribue à l'Autriche le mérite d'une initiative et d'une spontanéité que les Plénipotentiaires Autrichiens sont loin de revendiquer pour elle.

L'intervention rappelée par le Plénipotentiaire de la Sardaigne a eu lieu, ajoute-il, à la suite des pourparlers du Congrès de Laybach ; elle rentre donc dans l'ordre d'idées énoncé par Lord Clarendon. Des cas semblables pourraient encore se reproduire, et M. le Comte de Buol n'admet pas qu'une intervention, effectuée par suite d'un accord établi entre les cinq grandes Puissances, puisse devenir l'objet des réclamations d'un État de second ordre.

M. le Comte de Buol applaudit à la proposition, telle que Lord Clarendon l'a présentée, dans un but d'humanité ; mais il ne pourrait y adhérer, si on voulait lui donner une trop grande étendue, ou en déduire des conséquences favorables aux Gouvernements de fait et à des doctrines qu'il ne saurait admettre.

Il désire, au reste, que le Congrès, au moment même de terminer ses travaux, ne se voie pas obligé de traiter des questions irritantes et de nature à troubler la parfaite harmonie qui n'a cessé de régner parmi les Plénipotentiaires.

M. le Comte de Cavour déclare qu'il est pleinement satisfait des explications qu'il a provoquées, et qu'il donne son adhésion à la proposition soumise au Congrès.

Après quoi, *MM. les Plénipotentiaires n'hésitent pas à exprimer, au nom de leurs Gouvernements, le vœu que les États entre lesquels s'élèverait un dissentiment sérieux, avant d'en appeler aux armes, eussent recours, en tant que les circonstances l'admettraient, aux bons offices d'une Puissance amie.*

MM. les Plénipotentiaires espèrent que les Gouvernements non représentés au Congrès s'associeront à la pensée qui a inspiré le vœu consigné au présent protocole.

Protocole n° XXIV. — Séance du 16 avril 1856. — M. le Comte Orloff annonce qu'il est en mesure, en vertu des instructions de sa Cour, d'adhérer définitivement au vœu consigné à l'avant-dernier paragraphe du protocole n° XXIII.

(1) *Acte général de la Conférence de Berlin du 26 février 1885. — Art. 12.* Dans le cas où un dissentiment sérieux, ayant pris naissance au sujet ou dans les limites des territoires mentionnés à l'article 1ᵉʳ et placés sous le régime de la liberté commerciale, viendrait à s'élever entre des Puissances signataires du présent Acte ou des Puissances qui y adhéreraient par la suite, ces Puissances s'engagent, avant d'en appeler aux armes, à recourir à la médiation d'une ou de plusieurs Puissances amies.

Pour le même cas, les mêmes Puissances se réservent le recours facultatif à la procédure de l'arbitrage.

Notons de même les articles 55 et 58 de l'Acte général de la Conférence de Bruxelles relative à la traite africaine, appliquant dans certains cas la procédure arbitrale (1).

Signalons tout particulièrement la clause compromissoire, consentie par l'universalité des États et contenue dans l'article 23 de la Convention du 4 juillet 1891, concernant l'Union postale universelle (2).

III. — *Organisation positive du tribunal arbitral, soit par voie d'établissement de règles concernant la composition éventuelle de ce tribunal, soit par voie de constitution immédiate d'un office permanent d'arbitrage.* — Comme exemples de traités particuliers renfermant des dispositions de ce genre, nous citerons le traité de commerce du 11 décembre 1882 entre la Belgique et l'Italie, art. 20, et le récent traité de commerce du 11 juin 1895 entre la Belgique et la Norwège, art. 20 (3). Comme exemples de traités conclus par la généralité des États, nous indiquerons, outre la Convention postale universelle (art. 23 précité), et l'Acte

---

(1) *Acte général de la Conférence de Bruxelles du* 2 *juillet* 1890. — Art. 55. L'officier capteur et l'autorité qui aura dirigé l'enquête désigneront, chacun dans les quarante-huit heures, un arbitre, et les deux arbitres choisis auront eux-mêmes vingt-quatre heures pour désigner un sur-arbitre. Les arbitres devront être choisis, autant que possible, parmi les fonctionnaires diplomatiques, consulaires ou judiciaires des Puissances signataires. Les indigènes se trouvant à la solde des Gouvernements contractants sont formellement exclus. La décision est prise à la majorité des voix. Elle doit être reconnue comme définitive.

Si la juridiction arbitrale n'est pas constituée dans les délais indiqués, il sera procédé, pour l'indemnité comme pour les dommages-intérêts, conformément aux dispositions de l'article 58, paragraphe 2.

Art. 56. Les causes sont déférées, dans le plus bref délai possible, au tribunal de la nation dont les prévenus ont arboré les couleurs. Cependant les consuls ou toute autre autorité de la même nation que les prévenus, spécialement commissionnés à cet effet, peuvent être autorisés par leur Gouvernement à rendre les jugements au lieu et place des tribunaux.

Art. 58. Tout jugement du Tribunal national ou des autorités visées à l'article 56 déclarant que le navire arrêté ne s'est point livré à la traite sera exécuté sur-le-champ, et pleine liberté sera rendue au navire de continuer sa route.

Dans ce cas, le capitaine ou l'armateur du navire arrêté sans motif légitime de suspicion ou ayant été soumis à des vexations aura le droit de réclamer des dommages-intérêts, dont le montant sera fixé de commun accord entre les Gouvernements directement intéressés ou par voie d'arbitrage et payé dans le délai de six mois à partir de la date du jugement qui a acquitté la prise.

(2) *Convention du* 4 *juillet* 1891, concernant l'Union postale universelle. — Art. 23, § 1. En cas de dissentiment entre deux ou plusieurs membres de l'Union, relativement à l'interprétation de la présente Convention ou à la responsabilité d'une Administration en cas de perte d'un envoi recommandé, la question en litige est réglée par jugement arbitral. A cet effet, chacune des Administrations en cause choisit une autre membre de l'Union qui n'est pas directement intéressé dans l'affaire.

§ 2. La décision des arbitres est donnée à la majorité absolue des voix.

§ 3. En cas de partage des voix, les arbitres choisissent, pour trancher le différend, une autre Administration également désintéressée dans le litige.

§ 4. Les dispositions du présent article s'appliquent également à tous les arrangements conclus en vertu de l'article 19 précédent (concernant le service des lettres et boîtes avec valeurs déclarées, des mandats de poste, des colis postaux, des valeurs à recouvrer, des livrets d'identité, des abonnements aux journaux, etc.).

(3) *Traité de commerce et de navigation conclu le* 11 *juin* 1895 *entre la Belgique et la Norwège. Art.* 20. Dans le cas où un différend sur l'interprétation ou l'application du présent Traité s'élèverait entre les deux Parties contractantes et ne pourrait être réglé à l'amiable par voie de correspondance diplomatique, celles-ci conviennent de le soumettre au jugement d'un tribunal arbitral, dont elles s'engagent à respecter et à exécuter loyalement la décision.

Le tribunal arbitral sera composé de trois membres. Chacune des deux Parties contractantes en désignera un, choisi en dehors de ses nationaux et des habitants du pays. Ces deux arbitres nommeront le troisième. S'ils ne peuvent s'entendre sur ce choix, le troisième arbitre sera nommé par un Gouvernement désigné par les deux arbitres ou, à défaut d'entente, par le sort.

— 19 —

général de la Conférence de Bruxelles concernant la traite, dont nous avons déjà
parlé (art. 55), l'article 57 § 3 de la Convention de Berne du 14 octobre 1890, sur
les transports internationaux par chemins de fer (1).

Cet article organise un Office central des transports internationaux et l'érige
en tribunal arbitral libre chargé de prononcer, à la demande des parties, des
sentences sur les litiges qui pourraient s'élever entre chemins de fer. C'est en
exécution de cette disposition fort remarquable que le Conseil fédéral suisse a
promulgué un règlement fixant la procédure d'arbitrage à suivre pour les litiges
portés devant l'Office. Rappelons, à ce propos, que lors de la première Conférence
convoquée en 1878 par le Gouvernement helvétique, la délégation allemande avait
formellement proposé l'institution d'un tribunal international, composé de juges
délégués par les États contractants et qui aurait fonctionné à côté d'une Commission internationale, chargée de veiller à l'exécution et au développement de la
Convention (2). Tel qu'il a été finalement organisé, le tribunal arbitral libre n'en
demeure pas moins une institution des plus intéressantes et des plus « suggestives ».

IV. — *Conclusion de traités généraux et permanents d'arbitrage, impliquant
l'application de la clause compromissoire, non seulement à certaines catégories
spéciales de contestations, mais à l'ensemble des contestations entre États sans
exception, ou tout au moins à l'ensemble de ces contestations sous réserve de celles
qui porteraient atteinte à l'indépendance ou à l'autonomie nationale.*

Ceci est la consécration de l'arbitrage comme mode propre et normal de solution
des conflits internationaux. Les républiques américaines, spécialement celles de
l'Amérique espagnole, ont conclu de semblables traités, dont le premier, pour
l'Amérique centrale, remonte au 17 février 1872 (3) et dont le plus récent est le
traité du 20 juin 1895 entre le Honduras, le Nicaragua et le Salvador (art. 4, 7, 8).

Rappelons le traité de Guadalupe-Hidalgo, du 2 février 1848, entre les États-
Unis et le Mexique.

La constitution de certains États, comme celle du Brésil, renferme même
d'intéressantes prévisions d'arbitrage (4).

On connaît le traité conclu, au commencement de 1889, entre les cinq
républiques de l'Amérique centrale. Par cet acte les républiques s'engagent à
soumettre à l'arbitrage toutes les difficultés qui peuvent naître entre elles. Il y a
eu, en fait, de regrettables déviations de cette règle. Si les hommes valent parfois

(1) *Convention internationale du* 14 *octobre* 1890, sur le transport des marchandises par chemin de fer. —
Art 57, § 1. Pour faciliter et assurer l'exécution de la présente Convention, il sera organisé un Office central
des transports internationaux, chargé :
... 3° De prononcer, à la demande des parties, des sentences sur les litiges qui pourraient s'élever entre les
chemins de fer.
L'article 22, § 2 de la *Convention du* 4 *juillet* 1891 charge le Bureau international de l'Union postale universelle « d'émettre, à la demande des parties en cause, un avis sur les questions litigieuses. » Ces avis juridiques
constituent une sorte de préarbitrage intéressant à noter et d'une importance pratique considérable.
(2) Procès-verbaux de la Conférence de 1878. Mémoire de la délégation allemande.
(3) ROUARD DE CARD, *op. cit.*, p. 182; DE MOUGINS DE ROQUEFORT, *De la solution juridique des conflits
internationaux*, p. 205; MÉRIGNHAC, *op. cit.*, p. 201.
(4) Constitution brésilienne du 24 février 1891, article 34, 11°; DARESTE : *Les constitutions modernes*, II, p. 634.

mieux que les institutions, il arrive aussi que les institutions sont plus parfaites que les hommes. C'est quelque chose de n'avoir pas à rendre à la fois ceux-ci plus sages et celles-là moins défectueuses.

Mais le document le plus important que nous ayons à signaler dans cet ordre est incontestablement celui qui a été élaboré par la Conférence pan-américaine inaugurée à Washington le 2 octobre 1889 et clôturée le 19 avril 1890. Le Plan d'arbitrage adopté par cette Conférence s'attache à grouper les États des trois Amériques en une Union pacifique, où l'arbitrage est accepté comme loi internationale pour la réglementation de toutes les contestations nées ou à naître, sauf celles où l'une des nations intéressées estimerait que le jugement arbitral peut mettre son indépendance en péril (1).

(1) Voici les dispositions du plan d'arbitrage adopté par la Conférence internationale américaine de Washington, le 18 avril 1890 :

Art. 1. — Les Républiques qui concluent ce traité adoptent l'arbitrage comme un principe de la loi internationale américaine pour l'arrangement des différends, des conflits ou des contestations qui peuvent s'élever entre deux ou plusieurs d'entre elles.

Art. 2. — L'arbitrage est obligatoire dans toutes les contestations relatives aux privilèges diplomatiques ou consulaires, aux frontières, territoires, indemnités, au droit de navigation et à la validité, à l'interprétation et à l'exécution des traités.

Art. 3. — L'arbitrage est également obligatoire dans tous les autres cas que ceux mentionnés dans le précédent article, quels que puissent être leur cause, leur nature ou leur objet, avec la seule exception mentionnée dans l'article suivant.

Art. 4. — Le seul cas excepté des clauses des articles précédents est celui qui, au jugement d'une des nations engagées dans le différend, peut mettre en péril son indépendance. Dans ce cas, pour cette nation, l'arbitrage sera facultatif, mais il sera éventuellement obligatoire pour la puissance adverse.

Art. 5. — Toutes les contestations, tous les différends pendants actuellement ou qui s'élèveront dans la suite seront soumis à l'arbitrage, même s'ils proviennent de faits antérieurs au présent traité

Art. 6. — En vertu de ce traité, aucune question qui aura été déjà réglée définitivement ne pourra être renouvelée. Dans de tels cas, on n'aura recours à l'arbitrage que pour l'arrangement des questions relatives à la validité, à l'interprétation ou à l'accomplissement des dits engagements.

Art. 7. — Le choix des arbitres ne sera pas limité ou confiné aux états américains. Tout gouvernement peut servir en qualité d'arbitre, lorsqu'il entretient d'amicales relations avec la nation adverse de celle qui l'a choisi. L'office d'arbitre peut aussi être confié à des tribunaux de justice, à des corps scientifiques, à des officiers publics ou à de simples particuliers, citoyens ou non des États qui les nomment.

Art. 8. — La Cour d'arbitrage peut se composer d'une seule ou de plusieurs personnes. Au premier cas, les parties élisent l'arbitre d'un commun accord. Dans le second cas, le choix doit être fait conjointement par elles. Si on ne peut s'entendre à cet égard, chaque nation représentant un intérêt distinct aura le droit de désigner un arbitre pour sa part.

Art. 9. — Lorsque la Cour se composera d'un nombre égal d'arbitres, les nations intéressées désigneront un tiers-arbitre qui décidera toutes les questions sur lesquelles les arbitres ne seraient pas d'accord. Si les nations intéressées ne tombent pas d'accord pour le choix d'un tiers-arbitre, ce tiers-arbitre sera choisi par les arbitres déjà nommés.

Art. 10. — Le choix du tiers-arbitre et son acceptation devront avoir lieu avant que les arbitres commencent à connaître de l'affaire qui leur est soumise.

Art. 11. — Le tiers-arbitre n'agira pas comme membre de la Cour ; mais ses devoirs et ses pouvoirs seront limités à la décision des questions, soit principales, soit incidentes, sur lesquelles les arbitres ne pourront tomber d'accord.

Art. 12. — Si un arbitre ou un sur-arbitre était empêché de remplir ses fonctions par suite de décès, de renonciation ou pour toute autre cause, cet arbitre ou sur-arbitre sera remplacé par un substitut qui devra être choisi de la même manière que l'a été le premier arbitre ou sur-arbitre.

Art. 13. — La Cour tiendra des sessions en tel lieu que les nations intéressées s'accorderont à désigner, et, dans le cas de désaccord, ou si elles manquaient de désigner le lieu, la Cour elle-même pourra déterminer la localité.

Art. 14. — Lorsque la Cour se composera de plusieurs arbitres, la majorité des membres pourra agir malgré l'absence ou le départ de la minorité. Dans un tel cas, la majorité continuera à remplir ses devoirs jusqu'à ce qu'elle soit parvenue à une décision finale sur les questions soumises à l'examen des arbitres.

Art. 15. — La décision de la majorité des arbitres sera définitive aussi bien sur les questions principales que

L'œuvre de la Conférence de Washington a donné lieu à des critiques. Ces critiques, en partie justifiées, n'enlèvent pas aux faits leur réalité et ne détruisent pas leur valeur objective.

Sans doute les États américains ne se sont pas placés à un point de vue exclusif; car l'article 19 du Plan d'arbitrage permet à toute nation qui n'a pas figuré à la Conférence de devenir partie contractante. Mais la perspective pour chaque État de se trouver lié d'avance et à ce point envers tout autre État, en vertu de l'accession postérieure de celui-ci, n'était pas de nature, il faut le reconnaître, à faciliter les adhésions.

On se rappelle que, dans un message du 4 décembre 1882, le président Garfield se déclara prêt à participer à toute mesure contribuant à garantir la paix sur la terre. C'est en réponse à cet appel que le Gouvernement helvétique présenta au Gouvernement des États-Unis un projet de traité permanent d'arbitrage, adopté par le Conseil fédéral le 24 juillet 1883 et valable pour trente ans avec clause de reconduction tacite. En vertu de ce Traité, les États contractants s'engagent à soumettre à un tribunal arbitral toutes les difficultés qui pourront naître entre eux, « quels que puissent être la nature ou l'objet de ces difficultés (1). »

---

sur les questions incidentes, à moins que, dans les conditions de l'arbitrage, on n'ait expressément déterminé que l'unanimité serait indispensable.

Art. 16. — Les frais généraux de l'arbitrage seront payés en proportions égales par les gouvernements qui sont parties intéressées; mais les dépenses faites par chaque partie pour la préparation et la poursuite de sa défense seront payées par elle individuellement.

Art. 17. — Lorsque des conflits s'élèveront, les nations intéressées désigneront les Cours d'arbitrage d'après les clauses des précédents articles. Ce n'est que dans le cas où ces nations y consentiraient mutuellement et librement qu'il pourra être dérogé à ces clauses et que les Cours d'arbitrage pourront être constituées d'après d'autres arrangements.

Art. 18. — Ce traité restera en vigueur pendant vingt ans à partir du jour où il sera ratifié. Après l'expiration de cette période, il continuera à être valable jusqu'à ce qu'une des parties contractantes notifie à toutes les autres son désir d'y mettre fin. Dans le cas de cette notification, le traité continuera à être obligatoire pendant un an pour cette partie; l'action d'une ou de plusieurs nations renonçant au traité ne l'invalidera pas pour les autres nations.

Art. 19. — Ce traité sera ratifié par toutes les nations qui l'auront approuvé, selon leurs règles constitutionnelles respectives, et les ratifications seront échangées dans la ville de Washington le 1er mai 1891, ou avant si c'est possible. Toute autre nation peut accepter ce traité et devenir partie contractante, en signant un exemplaire du traité et en le déposant entre les mains du Gouvernement des États-Unis, lequel communiquera le fait aux autres parties contractantes.

Cfr. Prince. Le Congrès des trois Amériques. — Armand. Les traités d'arbitrage permanent entre peuples.

(1) Projet de traité entre les États-Unis d'Amérique et la Confédération Suisse, adopté par le Conseil fédéral helvétique le 24 juillet 1883.

Entre les États-Unis d'Amérique du Nord et la Confédération Suisse, il a été conclu un traité permanent d'arbitrage, comme suit :

I. Les deux États contractants s'engagent à soumettre à un tribunal arbitral toutes les difficultés qui pourraient naître entre eux pendant la durée du présent traité, quels que puissent être la cause, la nature ou l'objet de ces difficultés.

II. Le tribunal arbitral sera composé de trois personnes. Chacun des États désignera l'un des arbitres. Il le choisira parmi les personnes qui ne sont ni les ressortissants de l'État, ni les habitants de son territoire. Les deux arbitres choisiront eux-mêmes leur sur-arbitre ; s'ils ne peuvent s'entendre sur ce choix, le sur-arbitre sera nommé par un gouvernement neutre. Ce gouvernement sera lui-même désigné par les deux arbitres ou, à défaut d'entente, par le sort.

III. Le tribunal arbitral, réuni par les soins du sur-arbitre, fera rédiger un compromis, qui fixera l'objet du litige, la composition du tribunal et la durée des pouvoirs de ce dernier. Ce compromis sera signé par les représentants des parties et par les arbitres.

IV. Les arbitres détermineront leur procédure. Ils useront, pour éclairer leur justice, de tous les moyens

Nous tenons à remémorer ici cette initiative à cause de son importance et parce que la Suisse s'y est révélée comme devançant l'invitation adressée plus tard à l'Europe par les États-Unis, ensuite de l'article 19 du Plan d'arbitrage. Dans l'ordre des avances faites à la grande république américaine au même point de vue, nous aimons à mentionner encore l'adresse présentée au président et au Congrès des États-Unis en 1887 — au nom de deux cent trente-quatre membres de la Chambre des Communes d'Angleterre et de trente-six membres de la Chambre des Lords — exprimant l'intention d'appuyer auprès du Gouvernement britannique la conclusion d'un traité général et permanent d'arbitrage à conclure entre la Grande-Bretagne et les États-Unis. Et l'on sait qu'au mois de juin 1893, la Chambre des Communes a adopté, avec l'assentiment du Gouvernement, à l'unanimité moins une abstention, une proposition tendant au même but, due à l'initiative de M. Randall Cremer et de sir John Lubbock. Une proposition analogue a été faite au Sénat des États-Unis, en juin 1894, par M. Allison.

Notons aussi la résolution votée le 8 juillet 1895 par la Chambre des Députés de France en ces termes : « La Chambre invite le Gouvernement à négocier le plus tôt possible la conclusion d'un traité d'arbitrage permanent entre la République française et la République des États-Unis. d'Amérique. »

Le Sénat espagnol, de son côté, a adopté, le 16 juin 1890, sur l'initiative de M. Marcoartu, une proposition plus générale « autorisant le Gouvernement à procéder à la négociation de traités d'arbitrage généraux ou spéciaux avec les pays civilisés dont l'indépendance et l'amitié sont reconnues. »

Rappelons enfin les motions votées par les Parlements de Belgique, de Bavière, de Danemarck, d'Italie. des Pays-Bas, de Roumanie, de Suède et de Norwège.

On peut déjà citer d'ailleurs, entre plusieurs puissances européennes et des États extra-européens, des traités permanents et généraux d'arbitrage. Tels sont les traités conclus par la Suisse le 30 octobre 1883 avec le Salvador, le 22 juin 1888 avec l'Équateur, le 21 juillet 1864 avec les Iles Hawaïiennes ; le traité du 12 mai 1888 entre la France et la République de l'Équateur. Dans l'année 1894, l'Espagne en a conclu deux : avec le Honduras (28 avril 1894) et avec la Colombie (16 novembre 1894). La Belgique en compte six : avec le Vénézuéla (1er mars 1884, art. 2), avec l'Équateur (5 mars 1887, art. 2), avec l'État libre d'Orange (27 décembre 1894, art. 14), avec le Siam (29 août 1868, art. 24), avec la République Sud-Africaine (3 février 1876, art. 14), avec les Iles Hawaïiennes (4 octobre 1862, art. 26).

Entre gouvernements européens, nous aimons à signaler, comme premier précédent, le traité d'amitié, d'établissement et de commerce du 16 novembre 1889 conclu entre l'État Indépendant du Congo, représenté par M. Van Eetvelde, et la

Suisse, représentée par M. Rivier. L'article 13 de ce traité renferme la disposition suivante : « Dans le cas où un différend s'élèverait entre les deux pays contractants et ne pourrait être arrangé amicalement par correspondance diplomatique entre les deux Gouvernements, ces derniers conviennent de le soumettre au jugement d'un tribunal arbitral, dont ils s'engagent à respecter et à exécuter loyalement la décision.

« Le tribunal arbitral sera composé de trois membres. Chacun des deux États en désignera un, choisi en dehors de ses nationaux et des habitants du pays. Les deux arbitres nommeront le troisième. S'ils ne peuvent s'entendre pour ce choix, le troisième arbitre sera nommé par un Gouvernement désigné par les deux arbitres ou, à défaut d'entente, par le sort. »

Entre États exclusivement européens, nous avons à citer un exemple récent et particulièrement remarquable de clause compromissoire générale : il est consigné dans l'article 7 de la déclaration du 5 juillet 1894, intervenue entre les Pays-Bas et le Portugal. Voici le texte de cette disposition : « Toutes questions ou tous différends sur l'interprétation ou sur l'exécution de la présente déclaration et de même *toute autre question qui pourrait surgir entre les deux pays, pourvu qu'elle ne touche ni à leur indépendance ni à leur autonomie*, s'ils ne peuvent être réglés à l'amiable, seront soumis au jugement de deux arbitres dont un sera nommé par chacun des deux gouvernements. En cas de différence d'opinion entre les deux arbitres, ceux-ci désigneront de commun accord un troisième qui décidera. »

On le voit, l'institution des juridictions arbitrales, qui a des attaches si profondes dans l'opinion, dans la presse, dans la science, dans les parlements, a d'autre part des ancres solides dans le droit positif des nations. Il n'est donc pas téméraire de se demander comment l'institution peut être perfectionnée soit par voie d'extension, soit par voie d'organisation. Au surplus, il serait fort étonnant que, poussant si loin de nos jours cet art que Montesquieu appelait « l'art de nous entre-défaire », nous fussions impuissants dans l'art de rendre moins imparfaits les instruments de pacification que nous avons sous la main.

Pouvons-nous réaliser à l'heure actuelle d'importants progrès en matière d'arbitrage ? Nous allons examiner cette question et essayer de la résoudre, en nous tenant autant que possible à une égale distance de la pusillanimité qui n'ose rien et de la témérité qui risque tout.

C'est le sort commun de toute doctrine, on l'a souvent observé, de rencontrer deux sortes d'adversaires : les esprits timorés qui la trouvent hardie et les esprits hardis qui la trouvent timorée. Nous n'espérons pas pouvoir désarmer complètement ces deux genres d'adversaires. Nous nous efforcerons du moins de donner, dans les lignes qui vont suivre, le moins de prise possible au feu croisé de leurs critiques.

Le problème général que nous avons à résoudre comprend deux points qu'il nous paraît nécessaire de distinguer : ce qui concerne l'extension de la pratique arbitrale entre les États civilisés et ce qui a trait à l'organisation de la procédure arbitrale et spécialement à la composition du tribunal d'arbitres. Nous examinerons successivement ces deux questions.

V. — Le progrès par voie d'extension des arbitrages.

L'extension de la pratique arbitrale au delà de certaines limites présente de sérieuses, d'incontestables difficultés, — d'aucuns disent : de véritables impossibilités.

L'application de l'arbitrage à nombre de litiges — tels que les contestations d'ordre économique et commercial, les délimitations de territoires, certaines violations de neutralité, les questions d'indemnités dues à un État ou à ses nationaux lésés, les différends en matière de pêcheries et de prises maritimes, les conflits entre diverses lois civiles ou criminelles des États — ne rencontre pas d'opposition irréductible. On concède même que la sphère dans laquelle se sont confinés jusqu'ici la plupart des arbitrages spéciaux peut être élargie. On fait observer que dans bien des cas d'ailleurs les États ne se soucient pas de pousser leurs revendications jusqu'aux conséquences extrèmes, et que l'arbitrage est alors un moyen honorable pour les deux adversaires de se tirer d'affaire.

Les réserves commencent à se produire lorsqu'on vient à parler de litiges où sont en jeu ces « droits absolus et fondamentaux que la nature reconnait à tous les peuples et qui font partie de l'essence constitutive d'une nation (1) »; ou bien ce que l'on a appelé les « intérêts supérieurs ou réputés tels des États (2) »; ou encore « les questions essentielles à l'honneur national (3) ».

Sur le premier point aucune transaction, dit-on, aucun compromis n'est possible. « Il n'y a pas de décision judiciaire, fait observer M. Arthur Desjardins, qui puisse réduire un peuple en esclavage. » — « Ce serait, ajoute-t-il, la pire des monstruosités que de masquer sous les apparences de la justice l'immolation du droit (4). »

Dans le second cas, on se trouve en présence d'une sorte de patrimoine national que les générations sont appelées à se transmettre les unes aux autres et dont les gouvernements ne se reconnaissent pas la libre disposition. D'ailleurs les prétentions contradictoires, dans ce cas, étant de nature plutôt politique, ne peuvent le plus souvent être formulées juridiquement.

Dans le troisième cas, il s'agit de questions de dignité nationale, relevant d'un sentiment intime dont ne saurait, le plus souvent, se rendre compte un autre pays : de tels différends ne peuvent être jugés comme une affaire de créance ou de propriété.

---

(1) MANCINI. *Discours du 24 novembre 1873.* Rendiconti del Parlamento italiano, sessione del 18 3-1874, discussioni della Camera dei deputati. Vol. I, p. 30.

(2) GOLDSCHMIDT. *Projet de règlement pour tribunaux arbitraux présenté à l'Institut de droit international.* Revue de droit international 1874, p. 423.

(3) RENAULT. *Un litige international devant la Cour de Cassation de France.* Revue de droit international 1881, p. 22.

(4) ARTHUR DESJARDINS. *L'arbitrage international,* p. 15.

Sans doute lorsque l'on examine objectivement et à fond ces « cas réservés », dont la formule varie avec chaque auteur, il en est dont on ne trouve pas toujours la parfaite justification. En ce qui concerne spécialement les questions d'honneur, on a remarqué — non sans fondement — que c'étaient précisément ces questions qu'il importait de ne pas soustraire *a priori* à tout arbitrage. Lord Iddesleigh a fait observer à ce sujet que l'honneur national ne consiste pas « à ne jamais avouer qu'on a eu tort, mais plutôt à rechercher en tout la justice, à reconnaître le droit d'autrui en regard du sien, et même à aller au delà de la stricte justice, jusqu'à se prononcer contre soi-même plutôt que pour soi-même, en cas de doute (1). » « Que l'on parcoure la liste des arbitrages contemporains, dit encore l'éminent jurisconsulte que nous citions tout à l'heure, et l'on verra presque à chaque page les fiertés nationales se courber sous le sceptre du droit ou plier sous les exigences d'une pitié toujours croissante pour les foules qu'il faudrait envoyer au carnage. » Il faut, en effet, reconnaître que de nos jours les questions d'honneur, dans ce qu'elles ont de formel tout au moins, sont moins exagérées qu'autrefois, et qu'elles sont généralement envisagées avec plus de calme. Et l'on admet de plus en plus difficilement que certaines susceptibilités nationales ne puissent trouver leur apaisement que dans le sang versé.

Les jurisconsultes qui ont étudié le plus à fond les questions relatives à l'arbitrage, ont battu en brèche, non sans de réels succès, la théorie des cas réservés. Il y a intérêt à lire sur ce point les pages consacrées par M. Mérignhac au « compromis envisagé comme contrat de droit public », dans son récent *Traité de l'arbitrage international* (2). L'auteur en arrive à ne soustraire au domaine de l'arbitrage que les difficultés entre un gouvernement civilisé et une nation barbare, en ajoutant que même dans ce cas le compromis n'est pas impossible. Quelque puissante argumentation que déploie le savant jurisconsulte et quelque désir que l'on puisse avoir de se rallier à ses généreuses conclusions, force est bien de reconnaître que certains litiges internationaux peuvent être de telle nature ou revêtir tel caractère par suite des circonstances ou des intérêts en jeu, qu'il devienne difficile de les considérer *de plano* comme matière à arbitrage. Il faut admettre en tout cas, pratiquement, que les résistances à une application illimitée de la procédure arbitrale ne pourraient être vaincues.

Les clauses compromissoires universelles sont manifestement plus faciles à conclure entre États reliés entre eux par des affinités particulières ou qui n'ont aucune cause grave de dissidence en perspective qu'entre certains États qui ne sont pas précisément dans les mêmes conditions. Très vraisemblablement, il y aura encore longtemps, même dans les traités généraux d'arbitrage, des réserves visant telle ou telle catégorie de litiges. Réserves regrettables sans doute, parce que leur élasticité peut prêter à des interprétations qui permettent dans certains cas d'éluder trop facilement la solution arbitrale, mais réserves fondées sur des

---

(1) ÉMILE DE LAVELEYE. *Des causes actuelles de guerre et de l'arbitrage*, p. 191.
(2) MÉRIGNHNAC. *Traité de l'arbitrage international*, p. 184.

appréhensions persistantes dont il n'est pas possible de ne pas tenir compte, et qui d'ailleurs, si elles ne pouvaient se formuler, réagiraient sur la conclusion même des traités en cette matière. Nous estimons donc que la conclusion de traités généraux à réserve limitée aux litiges que mettraient en cause, au jugement des États, leur indépendance ou leur autonomie, est le maximum de progrès actuellement réalisable en fait d'extension de l'arbitrage.

Nous ne serons pas loin de la vérité — nous le pensons du moins — en affirmant que la défiance éprouvée par certains États, lorsqu'il s'agit d'insérer dans leurs traités des clauses compromissoires, tient, non pas à des arrière-pensées de gains illicites pouvant résulter de l'absence d'organisation de l'arbitrage, mais à la crainte de se trouver, à un moment donné, engagés sur des points qu'ils ont la conscience de ne pouvoir contractuellement abandonner. Nous sommes persuadé que s'ils pouvaient être dégagés de ce souci — légitime à plus d'un égard, encore qu'il puisse être exagéré, — ils se prêteraient volontiers à une organisation des juridictions arbitrales moins précaire que celle qui existe aujourd'hui. Nous allons voir de quelle manière heureuse et pleinement satisfaisante la Conférence interparlementaire de Bruxelles a répondu à ce *desideratum*. Les satisfactions qu'elle donne aux États les plus prévenus à l'égard des traités d'arbitrage, ne sont pas une des moindres garanties de l'accueil que peut espérer de rencontrer, en cette matière, le Projet de la Conférence.

VI. — Le progrès par voie d'organisation de l'arbitrage. La Cour internationale.

Le projet d'organisation d'un Office international d'arbitrage, élaboré par la Conférence interparlementaire de Bruxelles, est simple et modeste. Il respecte et sauvegarde toute la procédure des arrangements directs, tous les moyens de conciliation. Il laisse aux États la liberté de fixer, dans leur souveraineté, la mesure dans laquelle ils entendent soumettre leurs différends aux arbitres. Il se borne à leur offrir éventuellement un moyen de résoudre facilement, promptement, sûrement, les litiges par la voie arbitrale, sans qu'aucun État puisse d'ailleurs obliger un autre à entrer dans cette voie.

En effet, l'article 1er de ce projet, après avoir déclaré que « les parties contractantes constituent une Cour permanente d'arbitrage international pour connaître des différends *qui seront soumis à sa décision* », ajoute immédiatement après : « Dans le cas où un différend surgirait entre deux ou plusieurs d'entre elles, ces parties *décideront si le litige est de nature à être porté devant la Cour*, sous réserve des obligations qu'elles peuvent avoir contractées par traité. » Ainsi, en cas de conflit, les puissances demeurent maîtresses de recourir ou non à la juridiction établie par le projet. Cette juridiction est essentiellement volontaire et facultative. « La commission, dit le rapport de M. Houzeau de Lehaie, a désiré couper court aux appréhensions des gouvernements ou des diplomates ; elle a voulu montrer qu'elle n'avait aucunement l'intention de s'immiscer dans leurs attributions. Elle a estimé que l'adhésion à la convention instituant une Cour internationale n'imposait aux gouvernements d'autre obligation que celle d'examiner et de décider si le conflit survenu est de nature à être porté devant la Cour. Il faut donc, pour que celle-ci soit saisie du litige, que les deux parties soient d'accord pour le lui soumettre. »

La Conférence n'a pas dévié de cette ligne, et toutes les tentatives faites pour toucher, même indirectement, à la liberté des États, ont été écartées. Les puissances décident de concert si le litige sera déféré à la Cour. Elles ne le font du reste qu'en ordre subsidiaire, au cas où elles n'ont pu arranger le différend par les voies amiables proprement dites et, dans ce cas même, pour autant qu'elles s'accordent à le vouloir. La difficulté des « cas réservés » est résolue dans le sens de la plus large indépendance laissée aux États. Il est loisible à ceux-ci soit de recourir exclusivement à d'autres moyens de solution que l'arbitrage, soit même d'instituer telle autre forme d'arbitrage qui leur agrée. Le projet ne fait que leur ménager l'accès d'une juridiction stable constituée par eux-mêmes et toujours ouverte à la solution de leurs contestations.

Il importe d'insister sur ce point, parce que telle est bien la pensée inspiratrice et tel est le trait caractéristique de l'œuvre élaborée par la Conférence. C'est peu de chose sans doute, à certains égards, que cette œuvre. C'est beaucoup à d'autres points de vue. Un examen approfondi de l'institution nouvelle va nous fixer sur cette importance. Une telle étude, faite sans parti pris, ne peut, à notre sens, que mettre en lumière les nombreux titres justificatifs sur lesquels se fonde l'établissement d'un Collège international d'arbitres.

I. — Remarquons d'abord que l'institution d'un tel Collège trouve un puissant élément de justification dans l'état actuel des rapports entre nations. Elle apparaît à ce point de vue comme un *postulatum* des progrès réalisés dans la vie des peuples et dans le droit qui relie les nations.

La vie internationale, facilitée par nos merveilleux moyens de communication, la vapeur et l'électricité, alimentée par un fécond échange de toutes les choses nécessaires ou utiles à l'existence, garantie par une sécurité plus grande des relations sur terre et sur mer et par l'amélioration de la situation faite aux étrangers dans tous les pays, s'est développée de nos jours dans d'énormes proportions. Les rapports entre les États, comme ceux de leurs ressortissants à l'étranger, se sont multipliés et enchevêtrés de mille façons. La multiplication des points de contact rend plus fréquents les cas de contestations juridiques entre nations : c'est ainsi qu'à chaque instant, dans la vie moderne, les gouvernements sont amenés à prendre fait et cause pour leurs nationaux. Il y a là une situation nouvelle, un développement positif du contentieux international qui réclame des organismes juridiques appropriés à cette situation. Il est d'évidence que des institutions suffisant autrefois à des États confinés à tous points de vue dans des limites presque infranchissables ne répondent pas à la compénétration moderne des nations.

Mais ce n'est pas seulement la vie internationale qui a subi de profondes modifications. Le droit international s'est lui-même modifié d'une manière non moins importante : et de là encore des exigences pratiques autrefois inconnues.

Ainsi que nous l'avons constaté ailleurs (1), lorsque l'on compare l'état présent de la société internationale, si imparfait et si périclitant soit-il, à celui des époques antérieures, on est frappé des immenses progrès qu'a réalisés et que réalise encore chaque jour sous nos yeux le droit des nations. Il faut saluer ces pacifiques conquêtes, fruit des plus nobles aspirations de notre temps, gage d'un avenir meilleur où s'achemine, à travers les obstacles, le puissant génie de l'humanité.

L'évolution qui s'accomplit affecte à la fois la forme et le fond du droit des gens.

Au point de vue de la forme, le droit conventionnel entre États tend à supplanter de plus en plus le vieux droit coutumier. « Parmi les sources du droit international d'aujourd'hui, nous fait justement observer M. de Martitz, les conventions entre États, très différentes dans leurs formes, occupent une place de plus en plus considérable, tandis que le droit coutumier se voit de jour en jour mis en arrière (2). » Un simple coup d'œil jeté sur les recueils de traités nous montre en effet qu'il a été conclu plus de conventions pendant ces vingt dernières années que pendant le xviie et le xviiie siècles tout entiers. Et le nombre des puissances qui interviennent souvent comme signataires à ces actes diplomatiques n'est pas moins remarquable.

En ce qui concerne le contenu du droit des gens, l'évolution est plus saisissante encore. Non seulement le vieux fonds du droit des gens est précisé, développé, modifié, comme l'attestent notamment les actes diplomatiques concernant les ambassades et les consulats, la liberté de la navigation et les fleuves internationaux, le régime de la guerre maritime et continentale, la neutralité, les nombreux arbitrages acceptés comme moyen de terminer les conflits et cette transformation du droit des étrangers, dont nous parlions tout à l'heure et qui a fait dire à Bluntschli : « La qualité de citoyen du monde, que Kant envisageait d'un côté comme une condition essentielle, de l'autre comme un idéal impossible à atteindre, est devenue aujourd'hui plus ou moins une vérité (3). » Mais, descendant de la sphère des conventions purement politiques où il s'occupait, à titre pour ainsi dire exclusif, de la guerre, du rétablissement de la paix et accessoirement du commerce, le droit des nations est entré dans la voie de l' « administration internationale », réglant à son point de vue les fonctions variées de la vie commune des peuples.

L'administration internationale! Celui qui eût employé ce mot au siècle dernier, n'eût guère, ce semble, été compris. Aujourd'hui, bien que la terminologie ne soit pas

---

(1) *Les Offices internationaux et leur avenir.* Bulletins de l'Académie royale de Belgique, 3ᵉ série, tome XXVII, p. 5, 1894.

(2) F. DE MARTITZ. *Les Recueils de traités internationaux.* Revue de droit international, 1886, p. 69.

(3) BLUNTSCHLI. *Droit international codifié*, traduction de Lardy, introduction, p. 26.

encore universellement acceptée, nous voyons d'éminents jurisconsultes comme M. de Martens consacrer à l'administration internationale plus du tiers de leurs ouvrages sur l'ensemble du droit des gens.

Et le développement juridique à ce point de vue s'est accusé sous une forme particulièrement remarquable : les unions universelles, auxquelles les Allemands ont donné la dénomination expressive de *Weltverträge,* actes internationaux propres à notre temps, où éclate si vivement, avec la conscience qu'ont les peuples de leur solidarité, le besoin reconnu par les puissances de travailler en commun ou au moins de concert à des résultats d'intérêt général.

On sait que les États ont été amenés, dans cette voie, à créer des offices permanents d'administration pourvoyant aux exigences de services communs.

Un office permanent d'arbitrage pourvoyant à des nécessités communes de justice se présente à nous, à ce point de vue, comme une conséquence de la transformation du droit des gens et spécialement de l'accroissement prodigieux du contentieux international (1). Administration internationale, juridiction internationale, conciliées l'une et l'autre dans leur organisation avec l'indépendance des États, ce sont là des institutions en harmonie avec les conditions modernes de l'existence des nations et correspondant aux progrès réalisés dans leur vie et dans leur droit.

II. — Mais l'institution d'une Cour internationale d'arbitrage ne se présente pas seulement à nous comme la conséquence d'une situation générale nouvelle dans l'ordre international; à un point de vue plus spécial, elle nous apparaît comme le corollaire naturel de l'insertion dans de nombreux traités de la clause compromissoire, comme la résultante de la multiplication croissante des cas d'arbitrage. Tant que le recours arbitral a présenté le caractère d'un cas isolé, d'un « accident heureux », non prévu d'avance dans les traités, non appliqué à des catégories entières de litiges, le besoin de quelque stabilité dans l'organisation des juridictions ainsi appelées à statuer ne pouvait se faire sentir. Il n'en est plus de même aujourd'hui. Chaque année voit éclore des cas d'arbitrage de plus en plus nombreux et se multiplier les clauses compromissoires. Une organisation moins précaire et plus régulière de la procédure en cette matière ne fera donc que répondre à des exigences pratiques nées d'une situation spéciale nouvelle.

Au fond, d'ailleurs, lorsque l'on pénètre dans l'économie de la clause compromissoire, on remarque qu'elle implique l'adoption anticipée d'un tribunal arbitral. Toute la question est de savoir s'il vaut mieux organiser d'avance aussi et une fois pour toutes ce tribunal et donner ainsi à la clause compromissoire son développement organique normal ou bien créer une juridiction occasionnelle à chaque conflit et pour ce

---

(1) A la session de Cambridge du 8 avril 1895, la Commission de l'*Institut de droit international,* chargée d'examiner les questions que soulève la revision de la Convention de Berne créant une *Union internationale pour la protection des œuvres littéraires et artistiques,* a conclu à l'établissement d'un tribunal international chargé de statuer dans certaines conditions sur les difficultés d'interprétation de la convention. « La présence d'un grand nombre d'États dans une Union, disent les auteurs de la proposition, n'exige-t-elle pas qu'une juridiction soit organisée pour en assurer l'existence régulière? Ne fournit-elle pas les moyens de constituer aisément cette juridiction avec toutes les garanties désirables? » (*Annuaire de l'Institut de droit international,* 1895-1896, p. 107 et 285.)

seul litige, ce qui multiplie indéfiniment les moyens d'éluder l'arbitrage et tend à donner à la clause un caractère aléatoire.

III. — Un rapide examen des défectuosités de la procédure actuellement suivie en matière de constitution d'arbitres, et des inconvénients résultant de la création pour chaque affaire d'un tribunal occasionnel, va nous fournir un autre argument puissant en faveur de l'établissement d'une Cour internationale d'arbitrage. Dans son intéressant ouvrage : *Des causes actuelles de guerre en Europe et de l'arbitrage*, M. Emile de Laveleye fait cette observation judicieuse qu'actuellement il en coûte aux Etats beaucoup de temps et d'efforts pour arriver à soumettre leurs différends à l'arbitrage (1). Rien n'est plus vrai : les conditions où l'on fonctionne sont telles qu'il faut un « rare concours de circonstances » pour qu'un arbitrage spécial réussisse (2).

En effet, il faut s'entendre non seulement sur la compétence à attribuer au juge arbitral et sur des points de procédure assez nombreux, mais sur la composition, de toutes pièces, du tribunal occasionnel, et cela dans un moment où les circonstances peuvent rendre particulièrement difficile le concours des volontés sur ce dernier point.

Abstraction faite de ces circonstances délicates, la désignation de l'arbitre ou des arbitres ne laisse pas souvent de causer en elle-même les plus sérieux embarras.

Et d'abord choisira-t-on un seul arbitre ou un collège arbitral? Le choix d'un juge unique, si l'affaire est importante, présente ici une gravité exceptionnelle ; car la sentence à intervenir ne pourra pas, suivant la pratique actuelle, être frappée d'appel.

Lorsqu'on se détermine de concert pour un arbitre unique, ordinairement un chef d'État, des raisons de convenance ne permettent guère, ce semble, pour peu que le débat soit grave, de proposer comme juge un allié connu ou un adversaire supposé de l'une des parties en cause. Pour prévenir les difficultés de ce chef, on a coutume de se rabattre sur quelque puissance neutre; mais les liens de garantie qui existent entre bon nombre de puissances neutres et d'autres États rendent parfois délicate et peu désirable l'acceptation des fonctions de juge unique.

Lorsque l'on constitue, au lieu d'un juge unique, un collège, les embarras ne sont souvent pas moindres. On peut, à la vérité, créer une commission arbitrale composée de membres nommés en nombre égal par chacune des parties — comme dans les simples commissions mixtes — et d'un sur-arbitre à désigner de concert. Mais la difficulté n'est que reculée. En effet, tout le poids de la décision devant reposer presque fatalement sur le tiers-arbitre, fort exposé en fait à siéger entre deux adversaires plutôt qu'entre deux collaborateurs, l'entente quant au choix n'est guère facilitée par cette procédure. Et si elle ne se produit pas, on se trouve dans l'alternative ou bien de confier à un tiers la désignation du sur-arbitre ou de s'en remettre au sort dans des conditions à convenir, — à moins que l'on n'en vienne à

(1) DE LAVELEYE. *Des causes actuelles de guerre en Europe et de l'arbitrage*, p. 195.
(2) CHARLES LEMONNIER. *Formule d'un traité d'arbitrage permanent* entre nations présentée au 8ᵉ Congrès de la Ligue internationale de la paix et de la liberté.

considérer le compromis comme éteint par suite de l'impossibilité de constituer la juridiction arbitrale.

L'article 2 § 2 du Projet de Règlement de l'Institut de droit international stipule que « si les deux arbitres nommés par les parties ne peuvent s'accorder sur le choix du tiers-arbitre ou si l'une des parties refuse la coopération qu'elle doit prêter selon le compromis à la formation du tribunal arbitral ou si la personne désignée refuse de choisir, le compromis est éteint. »

Le projet de convention présenté par le Gouvernement suisse aux États-Unis d'Amérique contient la règle suivante : « si les deux arbitres (nommés par les parties) ne peuvent s'entendre sur le choix, le sur-arbitre sera nommé par un Gouvernement neutre. Ce Gouvernement sera lui-même désigné par les deux arbitres ou, à défaut d'entente, par le sort. » Ici c'est donc le sort qui intervient finalement comme *Deus ex machinâ*.

Que dire du cas où les États, au lieu de recourir à une commission arbitrale départagée par un sur-arbitre, optent pour la constitution d'emblée et de toutes pièces d'un véritable tribunal international composé d'un nombre de membres assez considérable à nommer dans des conditions plus délicates encore (1)? La juridiction ainsi constituée, à part son caractère éphémère, se rapproche assez de l'institution préconisée par la Conférence, mais la composition en est particulièrement laborieuse et dure parfois des années.

Or dans bien des cas, principalement dans les cas graves, il y a un immense avantage à pouvoir recourir *de plano* à une juridiction immédiatement accessible, alors que l'on peut envisager encore le débat avec calme et que les passions populaires ou les démêlés diplomatiques n'ont pas aigri ou surexcité le conflit. « Il ne faut pas perdre de vue, dit excellemment M. Goldschmidt, que les grands conflits entre les États ont rarement leur pleine intensité d'emblée ; qu'il existe en général des germes de peu d'importance dans l'origine, lesquels mûrissent et se développent graduellement jusqu'à devenir menaçants pour la paix ; qu'il est donc très possible qu'une médiation ou une décision arbitrale, intervenant en temps utile, empêche le différend de s'envenimer (2). » M. le comte Kamarowsky fait justement observer à son tour qu' « un différend, quel qu'il soit, privé ou politique, porté sur le terrain du droit, diminue et perd de sa force (3). » A tous ces points de vue, on peut se demander si l'existence d'une Cour arbitrale ne rendrait pas de précieux services, en modérant l'ardeur guerrière des adversaires, en augmentant l'influence des facteurs pacifiques, en prémunissant les États contre les entraînements irréfléchis et les caprices de l'opinion, en rendant moins acerbes et moins dangereux beaucoup de leurs différends.

---

(1) Affaire de l'Alhabama : cinq arbitres nommés par le président des États-Unis, la reine d'Angleterre, le roi d'Italie, le président de la Confédération helvétique et l'empereur du Brésil.

Affaire des pêcheries du Bering : sept arbitres nommés, deux par l'Angleterre, deux par les États-Unis, les trois autres par le président de la République française, le roi d'Italie et le roi de Suède et Norwège.

(2) GOLDSCHMIDT. *Projet de règlement pour tribunaux arbitraux internationaux.* Revue de droit international 1874, p. 424.

(3) Comte KAMAROWSKY. *Le tribunal international,* p. 317.

IV. — Non seulement l'institution d'une Cour d'arbitrage tend à produire les heureux effets préventifs que nous venons de signaler, mais elle est de nature à exercer une influence bienfaisante sur le développement de la pratique arbitrale, sans pouvoir prêter cependant à la multiplication abusive des arbitrages, le recours demeurant volontaire des deux parts. La présence d'un tribunal organisé et toujours ouvert serait par elle-même une invitation à entrer dans une voie si juste, si sage et si sûre. Il en résulterait une sorte d'orientation générale des conflits vers les solutions pacifiques et un acheminement au fonctionnement de l'arbitrage comme coutume des nations. Certes, une telle institution n'aurait pas le don de faire disparaître tous les mauvais vouloirs publics ou latents; mais du moins aucune bonne volonté ne serait découragée par des obstacles artificiels, les négligences seraient moins pardonnables, l'inertie moins justifiée. Les différends vraiment susceptibles d'arbitrage, au lieu de s'éterniser, de s'accumuler, de s'envenimer, désencombreraient le terrain international, et l'Office arbitral, à ce point de vue encore, pourrait devenir un important instrument de pacification.

Ajoutons que sans porter aucune atteinte à l'économie des premières voies de composition, — l'arbitrage demeurant facultatif, — l'institution nouvelle paraît de nature à exercer, dans certains cas, une influence heureuse sur le préliminaire des négociations directes en rendant celles-ci plus objectives, moins mêlées d'éléments étrangers à la juste appréciation de la cause et à la loyale volonté, de part et d'autre, d'obtenir et de rendre ce qui est dû, conformément à cette vieille maxime de droit romain qui est encore, tout compte fait, la meilleure base de la politique des États : *honeste vivere, alterum non lœdere, suum cuique tribuere.*

V. — Nous n'insistons pas ici sur les garanties spéciales qu'offrirait une juridiction régulière, identique à elle-même, ayant une tradition, et dont les membres, — au lieu de former un tribunal extraordinaire et occasionnel, créé au moment d'un litige et rentrant dans le néant après sa décision, — sentiraient dans chaque cas particulier peser sur eux le poids d'une responsabilité embrassant tout le passé et tout l'avenir. Toutes choses demeurant égales d'autre part, il y a là un surcroît de garanties qui mérite peut-être d'être apprécié (1).

VI. — Mais nous préférons, portant plus loin notre regard, signaler l'importance de l'institution d'une cour d'arbitrage au point de vue de la consolidation, dans le monde, du sentiment de la justice internationale, sentiment dont le développement est de plus en plus nécessaire, à mesure que se multiplient les relations de peuple à peuple et que les masses populaires prennent dans les États une part plus grande à la gestion des affaires publiques. Savoir que les nations peuvent éventuellement recourir à une juridiction inexistante, mais dont l'érection est en perspective, c'est beaucoup sans doute. Avoir constamment sous les yeux les représentants autorisés d'une justice internationale ouverte à tous, c'est tout autre chose. Il y a là pour les nations une sorte d'enseignement intuitif dont la

---

(1) Sir Henry Sumner Maine met ce point en vive lumière dans sa dernière œuvre, *Le droit international,* trad., p. 282 (*Whewell Lectures on International Law*).

leçon est claire et la portée considérable. Il ne faut pas que les foules ne croient qu'à la force. Il ne faut pas que les hommes pensent que le monde international moderne est en quelque sorte fatalement livré à l'anarchie, sauf aux rares intervalles où apparaît sur la terre l'image d'une justice fugitive, aussitôt brisée qu'adorée. Il importe de rappeler par des institutions tangibles que si le droit peut être violé en fait, et l'est en effet trop souvent — ce qui ne favorise que trop la tendance déplorable à nier son existence, — il demeure la règle de la vie internationale comme de toute vie sociale; qu'il y a une conscience juridique vivante au sein des peuples civilisés et qu'une certaine représentation de la justice entre nations n'est pas incompatible avec la conception moderne de l'indépendance des États.

Au moment où tant de matières inflammables s'amoncellent de tous côtés et nous menaçent des plus dangereuses catastrophes, il est bon et opportun de fortifier ostensiblement dans le monde les organes de la vie juridique des nations. Un tel spectacle est de nature à inspirer à tous plus de modération et plus de sagesse. Et qui pourrait n'y pas trouver son avantage ?

VII. — Dans quelle mesure l'institution d'une Cour arbitrale pourrait-elle concourir non seulement à l'affermissement général du sentiment du droit dans le monde, mais au perfectionnement du droit des gens considéré dans ses règles positives? C'est un autre point qui appelle l'attention de tous ceux qui savent combien sont lents et difficiles les progrès dans cet ordre et combien se révèle le besoin de quelque précision, de quelque stabilité en fait de jurisprudence internationale dans certaines matières. Et nous ne parlons pas seulement ici du progrès spécial de la procédure arbitrale qui résulterait manifestement du fonctionnement d'une cour permanente de justice. Nous visons des progrès plus généraux réalisés dans l'ensemble du droit des gens. Sans doute, il convient ici de ne pas outrer le point de vue, comme on l'a fait, en saluant dans la Cour à établir soit l'instrument approprié à la solution des questions de toute nature, politiques ou juridiques, soit, dans l'ordre juridique, une sorte d'organe officiel de promulgation des lois internationales et de codification de ces lois. Mais, tout en conservant à la cour son caractère propre et sa modeste mission, on entrevoit les services que l'organisation d'une juridiction stable pourrait rendre dans l'ordre des progrès positivement réalisables et de l'établissement d'un système objectif de justice internationale. Et peut-être est-il plus facile de chercher la réalisation de tels progrès par le fonctionnement d'une juridiction compatible avec la souveraineté des États et autour de laquelle se formerait peu à peu, pour certaines matières, une sorte de cristallisation du droit des gens positif, que par des essais de réforme visant une codification officielle, essais qui voient immédiatement se dresser devant eux de formidables objections. Ce n'est point la voie idéale sans doute, mais c'est une voie pratique (1). L'histoire nous montre lumineusement comment le progrès du droit

---

(1) STANHOPE. *Rapport sur l'organisation d'une Cour internationale permanente d'arbitrage, présenté à la Conférence de La Haye.* La Conférence interparlementaire, page 226.

proprement dit peut se rattacher à l'évolution de la procédure et de l'organisation judiciaire, indépendamment de toute action législative.

VIII. — Sans faire de la Cour un foyer de législation et une sorte d'organe central du droit des gens, on peut admettre encore que si l'institution répondait pleinement à la confiance des États, elle pourrait être utilisée en vue de donner satisfaction à certains *desiderata* généralement reconnus, tels que le défaut d'une véritable juridiction internationale de dernier ressort en matière de prises maritimes, le manque d'une juridiction applicable aux collisions en pleine mer de vaisseaux appartenant à des États différents, le besoin de résoudre certains conflits de lois, etc. Nous rappellerons, à ce propos, qu'il y a vingt ans, M. de Holtzendorff estimait déjà qu'il y avait lieu de tenter l'établissement de tribunaux internationaux permanents pour certaines catégories de contestations (1). Mais ce sont là des perspectives dont il convient de laisser à la sagesse des États la réalisation éventuelle.

IX. — Ce que l'on peut constater dès maintenant, c'est que l'institution de la Cour offre un moyen simple et facile de résoudre une question très grave en matière d'arbitrage, question délicate entre toutes, si délicate que l'Institut de droit international, après l'avoir étudiée à fond, a préféré la laisser dans l'ombre, lorsqu'il formula son projet de Règlement. Nous voulons parler de la question de la revision, pour certaines causes, de la sentence arbitrale. L'Institut, en effet, après avoir déclaré dans l'article 27 du Règlement : « La sentence est nulle en cas de compromis nul, ou d'excès de pouvoir, ou de corruption prouvée d'un des arbitres, ou d'erreur essentielle, » n'a pas cru pouvoir trancher la question de savoir comment et devant qui l'on procéderait à la revision. On a proposé des systèmes divers : — recourir aux premiers arbitres jouant le rôle de juges réformateurs, ce qui n'est pas toujours facile ni même possible (2) ; — attribuer compétence à la Cour nationale suprême du territoire où a siégé le tribunal arbitral, ce qui est peu satisfaisant ; — constituer un nouveau tribunal analogue au tribunal primitif, ce qui serait meilleur, mais peut-être plein de complications. On saisit d'autre part la difficulté pratique de prévoir et d'organiser dans le compromis deux juridictions, dont l'une serait un tribunal de revision. Aussi les jurisconsultes, tels que M. Rolin-Jaequemyns, qui ont le plus approfondi ces délicates questions, prévoient-ils que l'effort pour les résoudre mettra les États sur la voie de la constitution d'un tribunal international permanent (3).

Et de fait, la Cour d'arbitrage peut être facilement organisée de manière à comporter, si les parties le désirent, une juridiction de revision. Ajoutons que même au cas où les parties auraient constitué des arbitres de leur choix en dehors

---

(1) DE HOLTZENDORFF : *Les Questions controversées du droit des gens.* Revue de droit international, 1876, p. 5.

(2) Voir le cas de revision soulevé dans l'arbitrage de sir Edward Thornton entre les États-Unis d'Amérique et le Mexique. Revue de droit international 1875, p. 57 et 1877, p. 420.

(3) ROLIN-JAEQUEMYNS. *Quelques mots sur la phase nouvelle du différend anglo-américain. Revue de droit international,* 1872, p. 139.

de la Cour, il y aurait avantage à reconnaitre celle-ci comme tribunal de revision, pour éviter, d'une part, les inconvénients pratiques de l'organisation d'un nouveau tribunal arbitral, d'autre part, l'anomalie d'une décision judiciaire dont les causes de nullité seraient appréciées en dernier ressort par les intéressés eux-mêmes. Ainsi la création d'une Cour arbitrale, que la conscience juridique des peuples civilisés réclame comme complément des institutions qui ont pour objet la sauvegarde du droit, nous apparaît encore, en dernière analyse, comme un rouage important au point de vue du bon fonctionnement du mécanisme de l'arbitrage.

VII. — Les obstacles à l'établissement d'une Cour internationale d'arbitrage.

Les obstacles à la constitution de la Cour arbitrale sont multiples et considérables, il ne faut pas se le dissimuler. Sont-ils insurmontables? C'est le point que nous allons examiner brièvement.

Le premier obstacle est la prévention qui s'attache à toute innovation, — prévention légitime dans une certaine mesure. C'est pourquoi il importe de bien préciser jusqu'à quel point et dans quel sens il y a innovation. Or l'institution préconisée par la Conférence a, suivant nous, le double mérite de donner satisfaction à des besoins nouveaux, reconnus, et de le faire en innovant le moins possible. Au lieu de viser à une réforme générale de l'organisation internationale, elle ne porte que sur un point qu'il importe de consolider pour donner quelque stabilité à l'ordre juridique de la vie internationale : l'établissement d'une juridiction volontaire permanente. Laissant intact le 'double mécanisme actuel, diplomatique et coercitif, qui dans la société internationale correspond aux trois pouvoirs gouvernementaux des sociétés civiles, il se borne à y introduire, à titre facultatif, un instrument stable de précision judiciaire. Spencer a dit que notre organisation internationale actuelle est adaptée à l'activité militaire. Serait-ce trop exiger que de donner à cette organisation, dans une mesure modeste et sans briser le moule dont parle Spencer, une structure appropriée en quelque manière à l'activité juridique?

Au demeurant — et nous tenons à mettre ce point en relief, car il est de nature à calmer certaines défiances, — l'institution proposée n'a nullement le caractère d'une innovation sans racines dans les institutions existantes. Elle a au contraire des affinités manifestes avec plus d'un organe autorisé de la vie publique contemporaine.

Dans sa magistrale étude sur le *Gouvernement représentatif*, Stuart Mill, après avoir déclaré que ce qui manque le plus aux nations modernes, c'est un tribunal international sérieusement constitué, se tourne vers la constitution des États fédératifs et salue dans la Cour suprême des États-Unis d'Amérique « le premier exemple important de cette juridiction internationale dont les sociétés civilisées contemporaines ont tant besoin (1). » Il n'est peut-être pas sans intérêt

---

(1) *Le gouvernement représentatif*, chap. XVII. Des gouvernements représentatifs fédéraux.— *Constitution du* 17 *septembre* 1787, *chap. III*.— BRICE. *The american commonwealth.* Part. I, chap. XXI. The federal courts.

— 36 —

de rappeler ici que cette institution, qui constitue de nos jours un type si remarquable de juridiction régulière entre États fédérés, formait pour ces États, à l'origine, une sorte de juridiction arbitrale composée en première ligne par les parties litigantes (1). Le tribunal fédéral suisse (2) a aussi passé par des vicissitudes intéressantes à noter au point de vue des juridictions arbitrales (3).

Mais laissons de côté, si l'on veut, les institutions fédérales : leur domaine plutôt national amoindrit leur importance pour qui veut étudier une réforme de droit des gens.

Nous avons déjà signalé certaines juridictions rattachées aux Unions intertionales, comme l'office arbitral libre institué par l'article 57 de la convention de 1890 concernant les transports internationaux. Il y a là un précédent curieux et important que l'Allemagne, lors de la convention de 1878, eût voulu rendre plus considérable encore. Voici d'ailleurs comment s'exprimaient les délégués allemands : « Le tribunal international pour les recours réciproques des chemins de fer se composerait de juges délégués par les États contractants, qui, par leur qualification, offriraient toutes les garanties nécessaires pour une juridiction équitable et experte. Sa procédure serait des plus simples et analogue à celle d'un tribunal d'arbitres : ses arrêts seraient définitifs. Une pareille institution offrirait, à ce qu'il semble, toutes les garanties possibles d'une juridiction prompte, impartiale et uniforme. Elle contribuerait essentiellement à établir et à maintenir l'unité de droit pour le territoire du traité international (4).

Rappelons ici que des considérations analogues ont amené la quinzième commission de l'Institut de droit international à proposer, il y a quelques mois, à la session de Cambridge, l'institution d'une juridiction internationale comme conséquence de l'Union pour la protection des œuvres littéraires et artistiques.

Les tribunaux mixtes constitués en Égypte sont aussi des offices permanents de nature juridictionnelle et de forme internationale. On peut en dire autant de plusieurs juridictions fluviales constituées par les États et possédant un contentieux déterminé. On a signalé de même, dans certaines commissions mixtes, des organes de juridiction internationale un peu spéciaux, mais d'une structure assez nettement accusée (5).

Quant aux tribunaux de prise, nationaux jusqu'ici dans leur composition bien qu'internationaux par leur compétence, ils présentent une bizarrerie reconnue de tous et qui appelle manifestement une modification dans le sens d'une certaine interna-

(1) *Articles of confederation and perpetual Union* 1781-1788, art. IX.

(2) Constitution fédérale du 29 mars 1874, articles 106 à 114. — NESSI. *Le tribunal fédéral suisse*. Revue de droit international, 1893, p. 578 — MÉRIGNHAC. *Traité de l'arbitrage international*, p. 362.

(3) Sur les chambres impériales, les conseils auliques et les tribunaux austrégaux, cfr. MÉRIGNHAC, *op. cit.*, p. 359.

(4) *Mémoire contenant le projet d'un traité réglant les transports internationaux de marchandises par chemin de fer*. Institutions organiques de droit international. Berne, 1878. — Voyez encore HUBERT BRUNARD, *Une cour de cassation internationale*. Revue de droit international, 1873, p. 569.

(5) REVON. *L'arbitrage international*, p. 248. — F. DREYFUSS. *L'arbitrage international*, p. 266.

tionalisation. Les juridictions préconisées dans cet ordre par l'Institut de droit international et considérées par lui comme d'urgente nécessité, sont des tribunaux internationaux (1).

Un examen des institutions de droit des gens actuellement existantes ou en voie de réalisation nous révèle donc plus d'un organisme analogue à celui qu'il s'agit d'introduire, plus d'une pierre d'attente de l'édifice à élever par les nations à la justice internationale. Au fond, l'innovation proposée consiste à demander que l'on tienne compte, dans une mesure modeste, des modifications profondes survenues dans le droit des gens positif comme dans l'état social international et que l'on adapte quelque peu la procédure judiciaire entre nations à ces modifications. L'institution préconisée par la Conférence n'est donc pas de celles que l'on puisse rejeter à priori du chef d'innovation.

Peut-on la condamner davantage a priori du chef d'impossibilité ?

Nous ne le pensons pas. Il est à coup sûr facile de trancher d'un. mot ou d'un trait d'esprit le problème que nous étudions et de dire avec certains critiques : « L'organisation d'une juridiction arbitrale permanente serait certes une des plus belles conquêtes de l'ère moderne. C'est une réforme très désirable ; elle est même nécessaire ; seulement.... elle est impossible! Inutile dès lors d'y appliquer nos efforts. » Ne commençons point par formuler si vite et si à la légère un aveu d'impuissance et ne jetons pas les armes au premier obstacle. L'impossible, on l'a dit souvent, est l'éternel vaincu du progrès humain, et la plupart des grandes réformes dont s'honore l'humanité, depuis l'abolition de la torture jusqu'à l'abolition de la traite, ont été d'abord taxées d'impossibilité. Ce qui semble impossible, c'est qu'à des besoins nouveaux nés d'une situation nouvelle, on ne réponde point par des institutions qui leur soient convenablement appropriées.

Prétendrait-on que l'institution de la Cour d'arbitrage portât quelque atteinte à l'indépendance des États? L'indépendance des États, sans être poussée jusqu'à des conséquences exclusives de tout droit et de toute société internationale, doit être sauvegardée avec un soin jaloux, nous le reconnaissons volontiers ; et l'on peut admettre que tel ou tel projet de tribunal arbitral livré à la publicité soit difficilement conciliable avec cette prérogative souveraine. Mais la question est précisément de savoir si l'on peut adresser le même reproche au projet élaboré par la Conférence. Or ce projet ne fait pas échec à l'indépendance des États ; il n'apporte aucune modification à leur souveraineté, soit interne, soit externe. Il ne s'agit nullement, en effet, de modeler l'organisation de la société internationale sur l'organisation des sociétés politiques et de reproduire en grand dans la première ce qui existe dans les secondes : il ne s'agit pas de créer au-dessus des États un gouvernement exerçant, entre autres fonctions souveraines, la fonction judiciaire. Il s'agit simplement de mettre à la disposition des puissances, sous forme de juridiction facultative ouverte aux États indépendants, un auxiliaire de procédure en rapport

---

(1) Les travaux de l'Institut ont été fort importants en cette matière. Les conclusions en sont reproduites dans l'excellent *Tableau général* de M. Lehr, p. 193.

avec les exigences de la vie contemporaine des nations. Ce n'est donc, ce semble, que par une confusion entre le projet de la Conférence et d'autres projets étrangers aux idées de cette assemblée que l'on peut en venir à agiter ici la question de l'indépendance nationale.

Mais voici une autre objection. L'institution nouvelle, dit-on, est inutile. L'arbitrage international n'est et ne sera jamais qu'un expédient qui peut réussir dans quelques cas isolés, lorsque les deux parties ont au fond le désir d'éviter la guerre ; il n'est point un mode normal et régulier de solution des conflits internationaux. Il n'y a pas lieu de constituer une juridiction permanente pour les rares cas où l'arbitrage pourra fonctionner. — Il y a beaucoup d'exagération dans cette manière de voir. L'arbitrage a pacifié bien des querelles qui, à défaut de son intervention, se fussent prolongées et envenimées, et qui eussent finalement été tranchées par les armes. D'un autre côté l'objection ne tient pas suffisamment compte des faits attestés par la statistique des arbitrages. On peut soutenir, à la vérité, que la procédure arbitrale n'est pas indistinctement applicable à tous les conflits, mais il n'est guère possible de nier l'accroissement considérable et constant des arbitrages et de méconnaître les exigences pratiques qu'entraîne cette situation nouvelle. Il suffit de constater les questions actuellement soumises à des arbitres ou en voie de l'être, pour se convaincre qu'une juridiction arbitrale constituée par les États ne courrait pas le risque d'un chômage trop continu.

Après avoir mis en doute l'utilité générale de l'établissement d'une Cour arbitrale, on a contesté les avantages qui résulteraient de son fonctionnement, en disant qu'une telle Cour pourrait n'avoir pas toujours la compétence spéciale exigée pour la solution de litiges variés. — C'est sur le terrain pratique qu'il faut se placer pour examiner la valeur de cette objection ; c'est là qu'il importe de faire une balance aussi exacte que possible des avantages et des inconvénients inhérents à l'établissement d'une juridiction arbitrale permanente. Allons au fait et donnons-nous la peine d'examiner la longue série des arbitrages intervenus durant ce siècle : nous nous convaincrons qu'il n'en est guère sur lesquels une Cour composée d'hommes versés dans la théorie et dans la pratique du droit international, disposant des éléments d'instruction auxquels on peut légitimement faire appel, ne puisse statuer en parfaite connaissance de cause, — alors qu'au contraire, dans bien des cas, des spécialistes, des techniciens peu au courant de la théorie et de la pratique internationales, courraient grand risque de s'égarer. De ce que les juges peuvent avoir besoin de techniciens pour s'éclairer, il faut, en effet, se garder de conclure que les techniciens soient toujours les meilleurs juges.

En définitive, il ne faut pas oublier qu'ici, comme dans toute procédure judiciaire, les connaissances particulières nécessaires à la solution des litiges peuvent être acquises par les voies ordinaires d'instruction et d'administration des preuves, enquêtes, expertises, dépositions, rapports, etc. ; que les parties conservent le droit de constituer près du tribunal un ou plusieurs représentants ou délégués techniques ; qu'en tout cas l'inconvénient pouvant résulter en quelque mesure d'un manque de connaissances techniques à l'origine, sera amplement compensé par l'expérience d'hommes habitués au maniement des difficultés internationales et possédant les traditions nécessaires pour la bonne solution de ces difficultés.

Nul doute d'ailleurs que, l'émulation aidant, les États ne délèguent comme membres de la Cour les plus capables et les meilleurs. L'exception d'incompétence ne paraît donc pas admissible, et si quelque inconvénient pouvait même résulter à ce point de vue de l'institution d'une cour permanente, les avantages de l'institution à tant d'autres points de vue sont sans proportion avec cette problématique imperfection.

On fait une objection plus spécieuse. La loi internationale, dit-on, est encore trop vague et trop flottante pour comporter l'érection d'un tribunal permanent chargé de l'appliquer. Constituer le tribunal avant de formuler la loi est illogique. Créer un tribunal sans loi serait dangereux. — Cette objection a le double défaut d'exagérer les incertitudes du droit des gens en beaucoup de matières et d'oublier les conditions réelles dans lesquelles fonctionnent les juridictions arbitrales.

Le droit international, sans être codifié, a néanmoins des sources reconnues, dont les deux principales, la coutume et les conventions, ne laissent pas d'être dans bien des cas des guides suffisants. On peut ajouter que ce droit tend chaque jour à se préciser davantage et à étendre sa sphère d'application. Sans doute nous ne nous trouvons pas généralement en présence de ces lois écrites qui, dans la plupart des pays, servent de guides aux juges nationaux. Mais il dépend des parties d'obvier, dans une large mesure, à cet inconvénient. Elles peuvent, dans le compromis, formuler aux arbitres les principes qu'ils auront à appliquer à la question pendante et l'histoire des arbitrages nous montre que ce procédé a été suivi. L'objection est donc plus apparente que réelle, et, en tout cas, elle paraît trop radicale. Dans le beau et solide travail que nous avons déjà cité, M. Mérignhac traite en détail des principes qui doivent guider les arbitres dans la solution des points litigieux et montre lumineusement, en examinant les divers cas qui peuvent se présenter, que la juridiction arbitrale n'est pas dépourvue des éléments de droit nécessaires au bon accomplissement de sa mission (1). Ajoutons que dans une Cour permanente l'expérience acquise et les traditions sont de nature à faciliter beaucoup cette tâche.

Au fond, à dire le vrai, l'objection que nous rencontrons ici ne nous paraît pas exempte de sophisme. Dire que le tribunal est inadmissible, parce qu'il n'y a pas de loi, pour ajouter sans doute ensuite qu'une loi est superflue, puisqu'il n'y a pas de tribunal pour l'appliquer, n'est-ce pas invoquer un chassé-croisé d'arguments plus spirituels que satisfaisants?

Mais voici une objection grave, tirée du défaut de sanction de la sentence arbitrale. Se figurer, dit-on, que le droit livré à ses propres forces l'emportera toujours, c'est peu connaître la nature humaine. A côté de la sentence arbitrale, il faudrait supposer l'existence d'un pouvoir coercitif organisé, dont disposerait le

---

(1) *Traité de l'arbitrage international*, p. 286. Des principes qui doivent guider les arbitres dans la solution des points litigieux.

tribunal. Et ici se pose un dilemme embarrassant : Ou bien vous laisserez la sentence arbitrale sans sanction effective, et alors quelle sera son autorité et comment conservera-t-on le prestige du tribunal international ? Ou bien vous essayerez de corroborer la décision des arbitres par une force efficace, et alors le remède n'est-il pas plus dangereux que le mal ? — Serrons de près cette nouvelle objection.

Commençons par constater qu'en reprochant à la sentence arbitrale de manquer de sanction coactive organisée, on fait le procès aux relations internationales en général plutôt qu'à la décision des arbitres.

Ce que l'on dit ici du jugement arbitral, on peut le dire communément de tous les traités et engagements internationaux. Ces engagements n'en sont pas moins tous les jours respectés et observés. Pourquoi les nations prendraient-elles une autre attitude à l'égard des solutions arbitrales ? N'oublions pas que le tribunal d'arbitres tel que nous le concevons est volontaire; il était loisible aux parties de s'adresser à lui ou de trancher autrement leur différend : peut-on admettre que les États repoussent arbitrairement la décision d'une juridiction à laquelle ils ont eux-mêmes et spontanément fait appel?

En fait, l'histoire des arbitrages prouve que les États ne se dérobent point à une telle décision. Et M. Calvo a pu dire qu'il n'est point de cas qu'on puisse citer où des États, ayant remis leurs différends au jugement d'arbitres, aient tenté même de se soustraire aux effets de la sentence prononcée contre eux (1).

L'objection a donc pratiquement moins de valeur qu'on pourrait le supposer à première vue. Au fond, elle repose sur une confusion entre une sanction parfaite et une sanction suffisante dans des circonstances déterminées. De ce qu'un moyen de sanction extrême et suprême n'existe pas, on ne peut conclure qu'il ne reste aucune sanction suffisante.

A supposer que les États ne fussent liés à l'exécution de la sentence arbitrale que par un devoir moral et un lien d'honneur, il ne faudrait pas méconnaitre la puissance d'une telle sanction chez les peuples civilisés. On l'a justement remarqué : l'honneur, qui est une forme du patriotisme, commande impérieusement aux États d'acquiescer à la sentence. Or le sentiment de l'honneur, qui ne porterait pas toujours un plaideur individuel à exécuter les condamnations qui le frappent, acquiert, au contraire, une salutaire énergie dans les rapports internationaux.

N'a-t-on pas vu, dans des affaires où les nations étaient profondément froissées en présence de sentences dont elles révoquaient en doute la justice, les États se soumettre à la décision rendue par les arbitres? On se rappelle la déclaration finale de sir Alexander Cockburn — lors de la décision du tribunal de Genève dans l'affaire de l'Alhabama — affirmant « la soumission et le respect dus à la décision d'un tribunal dont un État a librement consenti à accepter l'arrêt. »

Ajoutons que l'opinion publique universelle, organe sur ce point de la conscience

---

(1) CALVO. *Le droit international*, 3ᵉ édition, III, p. 515. — Sur la sentence arbitrale rendue en 1831 par le roi de Hollande, cfr. RENAULT. *Une mission nouvelle donnée aux arbitres dans les litiges internationaux.* Revue générale de droit international public, 1894, page 45.

des peuples civilisés, ne peut que venir en aide, en de telles circonstances, au sentiment de l'honneur national. Il est certain qu'un État qui n'écouterait pas ici la voix du devoir et de l'honneur, encourrait la réprobation générale et se causerait à lui-même un préjudice moral en quelque sorte irréparable. Il y a des exigences de la conscience publique que tous les États sont intéressés à respecter.

Mais il importe de remarquer que les nations sont liées à l'exécution de la sentence arbitrale par un lien plus strict qu'un simple devoir moral. Il ne s'agit pas seulement ici, en effet, d'une obligation naturelle fondée sur la bonne foi : il s'agit d'une obligation juridique positive fondée sur un contrat. L'inexécution d'une sentence arbitrale contractuellement acceptée d'avance n'est pas plus admissible que la brutale violation d'un traité, et cela par la raison qu'une telle inexécution est précisément la violation d'un traité. Or « c'est un principe essentiel du droit des gens », consacré à nouveau le 13 mars 1871 à la Conférence de Londres, « qu'aucune puissance ne peut se délier des engagements d'un traité ni en modifier les stipulations qu'à la suite de l'assentiment des parties contractantes au moyen d'une entente amicale. »

« Le droit de choisir des arbitres, dit Boitard, dérive du droit de s'obliger et du droit d'aliéner... Le compromis n'est au fond qu'une obligation, une aliénation, une libération conditionnelle. Chaque partie s'oblige d'avance à reconnaître comme bonne la décision rendue par les arbitres choisis, sauf les voies de recours. » Ces observations sont aussi vraies pour le compromis de droit international que pour le compromis de droit privé. On a parfois essayé d'en atténuer la portée. C'est ainsi qu'une des illustrations du parlement belge, mon vénéré collègue et ancien maître, M. Thonissen, a cru pouvoir soutenir que la clause compromissoire laisse aux nations la faculté d'accepter ou de rejeter la sentence des arbitres, le droit des gens ne considérant pas cette décision comme obligatoire de plein droit (1).

Certes, les États peuvent, dans un compromis, faire des réserves telles qu'il en résulte pour eux une latitude plus ou moins grande quant à l'acceptation de la sentence. Mais, en dehors de ces cas exceptionnels et expressément formulés, il ne paraît pas possible de se rallier à l'opinion de mon illustre maître. Un arbitrage n'est pas une tentative de conciliation. L'arbitre est juge et statue comme tel (2).

En présence d'une sentence arbitrale, plusieurs questions peuvent se poser, qu'il faut se garder de confondre.

La première est celle de savoir quel est le droit des parties en cause. Ce point est résolu authentiquement et décisivement par la sentence. La solution arbitrale est la loi des parties, une loi acceptée d'avance par elles. Le trait caractéristique de

(1) ANNALES PARLEMENTAIRES DE BELGIQUE, *Chambre des Représentants, séance du 20 janvier* 1875.

(2) « Arbitre et non médiateur, disait M. le baron Lambermont en adressant aux gouvernenents allemand et anglais sa sentence arbitrale dans l'affaire de Lamu, je n'avais à dire que le droit... » Un jugement qui statue en droit « sépare les intérêts en cause. » (*Lettres d'envoi du document arbitral aux ministres des deux puissances*, 17 août 1889. — « La sentence dûment prononcée décide, dans les limites de sa portée, la contestation entre les parties. » *Projet de règlement de l'Institut de droit international*, art. 25.

l'arbitrage est précisément la soumission commune à un juge librement choisi, avec engagement formel de se conformer loyalement à la sentence (1).

Une seconde question se présente : Comment la sentence sera-t-elle exécutée? A ce point de vue, il est nécessaire, comme le remarque M. Mérignhac, qu'un acte du pouvoir compétent de la nation condamnée intervienne, non pour approuver la sentence arbitrale, qui s'impose par elle-même, mais pour statuer sur la question des voies et moyens, pour mettre, par exemple, à la disposition des gouvernements les fonds destinés à payer l'indemnité fixée par les arbitres. Mais, qu'on le remarque bien, la partie perdante n'a pas à ratifier la condamnation ; car elle l'a acceptée irrévocablement le jour même du compromis ; elle n'a plus qu'à donner aux pouvoirs publics la possibilité de l'exécuter. Telle paraît être la seule doctrine juridique admissible.

Une troisième question peut encore être posée : Convient-il d'organiser des moyens de coaction absolus à l'égard de la partie perdante, en prévision d'un refus d'exécution de sa part? Nous ne le pensons point, parce que cela serait peu praticable et dangereux, parce qu'il y a des moyens généraux de sanction éprouvés jusqu'aujourd'hui et que l'on a constatés être suffisants, parce qu'en fait de sanctions spéciales, les nations peuvent recourir, en cas de nécessité, aux moyens secondaires par lesquels elles sauvegardent entre elles l'exécution des traités, par exemple, à la rétorsion.

Au surplus, rien n'empêche les parties, dans la mesure où elles peuvent le trouver opportun, de donner aux arbitres, dans le compromis, les moyens de sanctionner d'une manière particulière leur sentence.

En résumé, il n'est pas exact de dire que par cela seul qu'une force coercitive spéciale ne soit pas organisée, l'exécution de la sentence arbitrale soit abandonnée au pur bon vouloir des États. Le droit est loin d'être dénué de toute sanction. Les éléments de sanction existants ayant toujours été suffisants jusqu'à présent et étant de ceux qui se fortifient de jour en jour, il convient d'attendre, pour en adopter d'autres, que la nécessité justifie cette adoption. En tout cas, les États peuvent, si cela est jugé utile par eux, faire disparaître juridiquement, dans le compromis, ce que l'on a appelé à tort une lacune forcée.

Des hommes d'un dévouement éprouvé à la cause de l'arbitrage ont pensé que les partisans de la Cour arbitrale faisaient erreur en insistant pour l'établissement de cette Cour. Ils ont estimé que ce qu'il importe surtout de préconiser, c'est la conclusion de traités généraux d'arbitrage; ces traités une fois conclus, on se tirera toujours d'affaire concernant la juridiction. — Loin que l'on puisse considérer cette manière de procéder comme la meilleure, il est difficile de lui reconnaître les mérites pratiques qu'on lui attribue. Il ne faut pas, en effet, se dissimuler que la conclusion de traités généraux rencontrera encore longtemps, selon

---

(1) Sir ROBERT PHILLIMORE dit très bien : « The sentence is binding upon the parties whose own act has created the juridiction over them ». *Commentaries upon International Law*, third edit. by sir Walter Phillimore, III, 5.

toute prévision, de sérieux obstacles, et qu'il n'est pas prudent de tout subordonner à l'obtention de ce résultat; qu'il y aura presque toujours des clauses restrictives qui fourniront aux parties un premier moyen d'éluder l'arbitrage ; que la nécessité de s'entendre pour la constitution assez laborieuse d'un tribunal occasionnel leur fournira un second moyen d'échapper aux conséquences du compromis. C'est donc une erreur, à notre sens, de demander exclusivement que le cercle de compétence de l'arbitrage s'élargisse : il importe de demander que l'arbitrage lui-même s'organise sur une base moins aléatoire et plus immédiatement accessible. L'institution d'une Cour qui, sans violenter l'indépendance des États, sans les exposer à des risques inconnus, soit toujours ouverte à la solution de leurs différends, est de nature à exercer une influence considérable sur le développement de la pratique arbitrale. Un tel facteur ne peut être négligé.

La crainte qu'une semblable institution ne prenne avec le temps une importance trop considérable ou ne devienne un instrument au service d'ambitions habiles, ne paraît pas d'ailleurs reposer sur un fondement sérieux. Si des abus pouvaient se produire, la Cour, n'ayant qu'une compétence facultative, serait délaissée et tournerait bientôt dans le vide. Elle ne peut vivre qu'à la condition de rester fidèle à sa mission de justice et d'impartialité.

Observons encore que, grâce au caractère facultatif du recours au Collège arbitral, la puissance des autres moyens de conciliation qui sont à la disposition des parties n'est pas énervée et la multiplication abusive des arbitrages n'est pas à redouter.

On ne peut davantage appréhender que la Cour ne soit sollicitée, quelque jour, à intervenir dans des questions qui divisent profondément certaines puissances et qui n'ont pas exclusivement rapport à l'ordre juridique. De telles questions sont hors de la sphère de compétence et d'appétence de la Cour, et le caractère purement facultatif des recours qui sont de son ressort ne permet pas de supposer qu'elle puisse sortir de sa sphère. Si la liquidation des causes aiguës de guerre, que tout le monde connaît, doit se faire amiablement, ce sera l'œuvre d'une conférence internationale ou d'une entente des parties intéressées. Elle ne relève pas de la Cour arbitrale. Des arrière-pensées de défiance paraissent d'autant moins justifiées ici qu'il est loisible aux puissances de régler comme elles l'entendent les questions de non-rétroactivité se rattachant à leurs traités.

Restent les objections de détail concernant l'organisation positive de la Cour. Les questions spéciales à examiner sont nombreuses et importantes : elles peuvent être résolues sans trop d'encombre, si l'on suppose la ferme volonté d'aboutir. La règle de l'égalité des États, si souvent appliquée dans les conventions modernes, semble couper court aux difficultés les plus graves. Comme l'a fait remarquer le rapport à la Conférence, cette règle ne présente ici aucun inconvénient.

Certes nul ne prétendra que la juridiction à établir soit une institution parfaite au point de ne donner prise à aucune critique possible. Nous ne connaissons pas de création humaine douée de cette perfection absolue. Mais ce que l'on peut affirmer, c'est qu'avec ses imperfections elle constituerait un grand et légitime progrès comparativement à l'état actuel. Et l'on peut penser que si une réunion de diplomates avait à s'en occuper dans un esprit de bon vouloir sérieux et pratique, elle n'aurait pas trop de peine à tirer du projet de la Conférence quelque chose de bon et de durable. Ce projet n'a d'ailleurs d'autre prétention que de servir de point de départ aux *tractanda* des puissances. C'est un canevas qui peut être, nous le reconnaissons, grandement amélioré. Pour notre part, si nous n'avions été trop immobilisé par les fonctions présidentielles au point de vue d'une participation spéciale aux discussions, nous eussions sans doute proposé plus d'un amendement. On peut préférer la revision à l'appel, divers groupements de puissances à une convention ouverte. On peut prévoir la désignation de concert, par les parties, d'un collège restreint d'arbitres au sein de la Cour. Ces améliorations et telles autres que pourrait suggérer une discussion moins rapide que celle de la Conférence sont d'une introduction facile dans un projet définitif. La sagesse et l'expérience ne manquent pas aux diplomates pour le faire, en se tenant sur le terrain qu'ils ne quitteront pas, on peut l'assurer : le respect de la souveraineté des États. Ajoutons qu'en accomplissant cette tâche, la diplomatie ne fera que compléter une œuvre qui est sienne en grande partie : n'est-ce pas elle qui, en mettant en œuvre les procédés divers d'apaisement dont elle dispose, en faisant pénétrer dans la conscience des peuples civilisés que le recours à la violence n'est admissible qu'après épuisement des moyens pacifiques, en préparant, de mille manières, le terrain au rapprochement des peuples dans la communauté internationale, a ouvert ce que l'on a pu appeler la « voie royale » à l'institution d'une Cour permanente d'arbitrage?

VIII. — La cour d'arbitrage et les petits États.

Si les États secondaires ne sont pas, comme nous le verrons bientôt, les seuls intéressés à la création d'une Cour arbitrale, on ne peut méconnaître qu'ils n'aient grand intérêt à son établissement. Par cela même qu'ils sont les petits et les faibles dans la société internationale, toute institution destinée à assurer davantage le règne de la justice dans cette société est pour eux un précieux élément de sécurité.

Les petits États n'aiment pas la guerre : ils ont beaucoup à y perdre et n'ont guère à y gagner. Leur intérêt bien entendu non moins que le sentiment de l'humanité les détourne des entreprises belliqueuses et les attache aux institutions protectrices du droit et de la paix. S'il leur arrive quelquefois de déployer une ardeur extrême à défendre ces institutions, c'est que la nécessité, cette dure mais puissante mère de tant de progrès, a développé sans doute en eux, à la longue, des aptitudes spéciales, conformément à une heureuse loi biologique : comment pourrait-on le leur reprocher?

La situation internationale étrange et si anormale où nous vivons tient à des causes qui leur sont étrangères. Ils en souffrent néanmoins, car elle leur impose de bien lourdes charges qu'ils supportent par devoir national et pour mieux remplir leurs obligations internationales. Peut-être pourrait-on considérer à ce point de vue une organisation moins précaire de la justice entre nations, dans les limites compatibles avec l'indépendance de toutes les puissances, comme un dédommagement légitime et une minime compensation des sacrifices résultant fatalement pour les petits États des compétitions des grands États militaires.

Il y a quelques mois, au moment où se terminait la Conférence de Bruxelles, M. le comte Apponyi, dans un discours qui est resté présent à la mémoire de tous ceux qui l'ont entendu, parlant des petits États de l'Europe, les appelait « de grandes âmes de nations dans de minces corps ; » « et voici, ajoutait-il, le phénomène qui se produit : ces corps trop petits pour ces âmes ne peuvent en absorber toutes les facultés, toutes les énergies, tous les élans ; et il reste là un excédent de force qui se met généreusement au service de tous les grands intérêts et des meilleures aspirations de l'humanité. » Oui, les petits États sont heureux, chaque fois qu'il leur est donné de se rendre utiles à la grande famille des nations dans les œuvres de civilisation et de progrès général. Ils aiment à considérer comme rentrant dans leur vocation naturelle et dans leur rôle historique le concours aux œuvres de concorde propres à former de bienfaisants liens entre les États. Leur nom est honorablement associé à l'évolution de ces œuvres et leur territoire est depuis longtemps, de l'assentiment cordial des grands États, le foyer de prédilection où prennent naissance les grandes entreprises pacifiques d'intérêt international. Les petites nations n'ont-elles pas de ce chef un titre nouveau à la conservation, dans des conditions moins précaires, d'un État juridique qui leur permette de remplir leur modeste et féconde mission au sein de la communauté internationale?

Pour les États neutres à titre permanent, la question se présente sous un aspect plus intéressant encore, bien que peu aperçu jusqu'aujourd'hui. En creusant la notion juridique de la neutralité permanente, peut-être y puiserait-on les éléments d'un droit nouveau : le droit à l'arbitrage. Une chose est certaine : en renonçant d'une manière fort étendue et dans l'intérêt commun de la société internationale non moins que dans leur propre intérêt au droit de guerre, le neutre à titre permanent n'a entendu ni pu entendre renoncer au droit à la justice. Dans la mesure où la voie de la procédure guerrière lui est fermée, la voie de la procédure arbitrale doit lui être ouverte : sinon il se trouverait exproprié d'un droit fondamental qu'il n'a point abdiqué.

S'il en est ainsi, l'arbitrage pour l'État neutre à titre permanent dans ses rapports avec les États qui ont reconnu cette neutralité n'apparaît plus comme dépendant exclusivement du simple bon vouloir de ces derniers États. Le droit à l'arbitrage organisé dans des conditions qui le mettent à l'abri du refus de constituer un tribunal arbitral peut être, considéré, à certains égards, comme inhérent à la constitution de l'État perpétuellement neutre. Et l'établissement d'une juridiction arbitrale se présente à nous comme le complément sinon absolument exigible, au moins légitimement attendu d'une telle constitution.

IX. — La Cour d'arbitrage et les grandes puissances.

Les grandes puissances peuvent-elles garder à l'égard de la Cour arbitrale une attitude expectante? Il serait difficile de l'admettre, car à elles aussi l'on peut dire en cette question : *Vestra res agitur !*

Les grands États modernes, en même temps qu'ils ont conscience de leur puissante personnalité, reconnaissent dans le droit la règle commune des rapports internationaux. Ils ne peuvent se montrer indifférents à une institution qui est la sanction pratique de cette reconnaissance et qui leur permet d'affirmer si noblement l'honnêteté de leur politique ; car, « il n'y a pas, dit Lieber, de spectacle plus noble que celui du fort — nation ou individu — déposant sa force, comme une épée, à ses pieds et disant : Nous nous conformerons au jugement du sage. Que justice soit faite (1). »

Les grands États veulent la paix et le proclament. Ils sentent le besoin de s'y rattacher avec d'autant plus de fermeté qu'elle semble par instants plus précaire. Peuvent-ils se désintéresser d'une institution dont le but direct est l'affermissement de la paix par le droit? La cause de la paix, en effet, et celle de la justice sont intimement liées l'une à l'autre, et ce serait une étrange aberration de vouloir la paix sans la justice ou de vouloir celle-ci sans les institutions qui la consacrent et l'organisent (2).

Les grandes puissances ont dans le monde une situation privilégiée à laquelle correspondent une grande mission et une immense responsabilité. En fait, les destinées du globe sont, dans une mesure qui peut effrayer, aux mains de quelques États. Il dépend d'eux, pour une part décisive, de jeter ces destinées dans la voie de la violence ou de les acheminer vers un régime juridique stable. Ils sont, certes, assez riches de gloire militaire pour consacrer leurs efforts à un but où la grandeur et la prospérité de leur pays se développent en harmonie avec les droits de tous et la sécurité de chacun. Peut-être sont-ils les premiers intéressés à en agir ainsi ; car il y a pour un grand État un danger parfois plus redoutable que les périls extérieurs : c'est le danger de ses propres entraînements sous l'empire de l'exaltation de sa force. L'organisation stable d'une justice internationale fournit aux puissances le moyen de se protéger elles-mêmes contre des tentations malsaines. Elle donne un nouveau point d'appui et un auxiliaire précieux à leur sagesse, en même temps qu'elle est de nature à favoriser l'exercice bienfaisant de leur hégémonie.

Il ne faut pas s'exagérer d'ailleurs les avantages de circonstance que les grandes puissances sembleraient à première vue pouvoir retirer de l'absence d'organisation de l'arbitrage. Dans les rapports avec des puissances égales, ces avantages sont nuls ou équilibrés. C'est ce que faisait remarquer Lieber à propos d'un célèbre

(1) FRANCIS LIEBER. *Lettre à l'honorable William Seward, secrétaire d'État, sur l'arbitrage international.* Revue du droit international, 1870, page 481.

(2) TRARIEUX. *L'arbitrage international.* Revue bleue, page 726.

différend anglo-américain, en disant que les deux nations en présence étaient trop clairvoyantes et trop fermes, qu'elles étaient trop au même niveau d'intelligence et de civilisation et s'accordaient trop dans leur manière de concevoir la justice et la loyauté pour se placer sur un autre terrain que celui de la reconnaissance du droit par l'arbitrage (1).

Quant aux rapports avec les puissances de force inégale mais également civilisées, il suffit d'observer ce qui se passe de nos jours dans le monde, d'une part lorsque dans une contestation avec un État faible, un État fort est seulement soupçonné d'user de moyens injustes de pression, d'autre part lorsqu'un État plus puissant accepte loyalement de soumettre le différend à un médiateur ou à un arbitre, — comme l'a fait l'Allemagne dans l'affaire des Carolines, — pour comprendre que les grandes puissances ont tout intérêt à ne réclamer que cette mesure de justice qu'offre précisément à tous la juridiction arbitrale.

Au demeurant, les aspirations légitimes des peuples comme les progrès réalisés dans la vie et dans le droit international appellent, nous l'avons vu, l'organisation de l'arbitrage. Ne pas tenir compte de telles aspirations et de tels progrès serait pour les grandes nations décliner un devoir. Ce serait en même temps faire un mauvais calcul. Que nul ne se flatte d'être et de demeurer toujours le plus fort ou même le plus habile! L'habileté est exposée à des surprises déconcertantes et les combinaisons de forces ont quelque chose de variable et d'aléatoire. La gloire et le génie même ne modifient point leur fragilité. Il n'est de dictature durable que celle de la justice. Tous les États sont aujourd'hui intéressés à la constitution sur de solides assises de l'édifice juridique international, parce que le droit est un principe stable de coordination des intérêts. Ceux-ci peuvent se déployer largement sous son égide : il ne proscrit que leur débordement effréné et désastreux. Et peut-être, à sa lumière sereine et pacifiante, les États parviendront-ils à reconnaître que ce qui les divise, ce sont moins leurs intérêts véritables que l'idée erronée et passionnée qu'ils peuvent s'en faire! La clarté du jour a fait parfois jeter les armes à des frères qui guerroyaient dans la nuit.

L'avenir de l'Europe peut dépendre, dans une mesure plus grande qu'on ne le supposerait, d'une consolidation prévoyante des institutions organiques de la paix juridique entre les États. En tout cas, tout commande à l'Europe de ne rien négliger pour hâter l'heure où elle pourra employer, dans des conditions plus fécondes, les merveilleuses ressources dont elle dispose à des buts vraiment dignes de notre siècle. Certes, ces buts ne manquent pas. L'Afrique entière s'ouvre à notre activité civilisatrice et à notre commerce. Le monde oriental évolue dans des conditions qui éveillent au plus haut point notre sollicitude. De toutes parts nous viennent les avertissements, les enseignements, les exemples. Et voici que l'Amérique nous a devancés par une généreuse marche en avant dans la voie de l'arbitrage.

Beaucoup d'esprits, nous le savons, tout en reconnaissant qu' « il faut faire quelque chose », allèguent précisément l'état inquiétant où nous vivons comme une

---

(1) Francis Lieber. Lettre précitée, p. 484.

raison déterminante pour ne rien faire, et ils croient devoir renvoyer les partisans de l'organisation de l'arbitrage aux jours qui suivront la grande liquidation des causes de guerre actuelles, liquidation où la force leur paraît appelée fatalement à jouer encore son rôle sanglant et décisif. Nous n'admettons pas ce fatalisme occidental. Nous n'acceptons pas la théorie des « forces cachées » poussant invinciblement une nation contre une autre, sans réaction possible; et nous ne sommes pas loin de considérer, avec Henry Richard, cette opinion comme imaginée par les hommes pour couvrir leurs mauvaises passions, soit par l'action de la loi naturelle, soit par la volonté de la Providence (1). Nous ne nous rallions point à la sombre doctrine de Lasson : « Les peuples se haïssent et ont le droit de se haïr (2). » L'état actuel de l'Europe se rattache à des causes qui n'ont rien de nécessaire, et il n'est pas démontré que les problèmes qui tiennent en suspens les destinées de notre continent soient insolubles par d'autres voies que par la force. Ce qui est certain, c'est que le spectacle d'une juridiction telle que la Cour arbitrale est de nature à implanter au cœur des peuples des convictions et des sentiments favorables à une solution pacifique des conflits européens.

X. — Conclusion.

Un mouvement intense et profond pousse les nations modernes vers l'arbitrage. Ce mouvement est lié au progrès des relations internationales, au développement des institutions démocratiques, à la transformation économique des sociétés, à l'adoucissement des mœurs, à l'esprit du siècle, à de nombreux facteurs qui ne permettent pas de le considérer comme un phénomène passager de la vie des nations.

Il constitue une manifestation éclairée de la conscience juridique des peuples contemporains.

Il est la résultante de la marche ascendante du droit dans le monde civilisé.

Malgré tant d'ombres encore et en dépit de tant de défaillances, la civilisation poursuit victorieusement, dans l'espace et dans le temps, son évolution progressive.

Géographiquement, nous la voyons rayonner sur le globe à l'aide de moyens de pénétration inconnus aux autres âges et sous une forme éminemment propre à assurer la stabilité de ses conquêtes. Des liens d'État de nature variée rattachent aujourd'hui les unes aux autres presque toutes les populations répandues sur la surface de la terre. Et il semble que nous approchions du moment où il n'y aura plus de races déshéritées dans la grande famille humaine : car les Puissances modernes, dans leur expansion, s'efforcent sincèrement d'allier, à la recherche d'avantages légitimes, l'accomplissement de la mission civilisatrice qui incombe aux

---

(1) HENRY RICHARD. Motion du 8 juillet 1873, au parlement anglais. *Hansard's parliamentary debates*, vol. CCXVII, p. 52-90.

(2) LASSON. Das Culturideal und der Krieg, p. 42.

peuples majeurs vis-à-vis des rejetons inférieures de l'humanité. Voyez d'ailleurs le progrès : au siècle dernier, les nations européennes se partageaient une partie de la côte occidentale africaine pour mieux se ménager l'exercice, sans contestation, de la traite des noirs. Aujourd'hui, en se partageant l'Afrique jusqu'en ses profondeurs, elles placent au rang de leurs devoirs les plus sacrés l'abolition de la traite et le respect — élevé à la hauteur d'une obligation internationale — des droits de l'humanité dans la personne de l'esclave.

Au point de vue historique comme au point de vue géographique, le rayonnement de la civilisation, et l'empire du droit qui en est le caractère saillant — comme le règne de la force pure est le propre caractère de la barbarie, — est non moins frappant dans les rapports internationaux (1). Pendant longtemps les relations d'État à État ont été considérées comme réductibles à une série d'intérêts arbitrairement déterminés par les gouvernements et soutenus par eux au moyen de la force et de la ruse. Mais le droit s'est peu à peu dégagé de ces fatales étreintes. Il s'est affirmé : il a passé, comme le dit Jellinek, de l'état d'exigence idéale à l'état de puissance effective dans la vie internationale (2). La vieille maxime que le droit règne à l'intérieur des empires et ne rayonne pas au delà est définitivement répudiée par la société des nations civilisées. Cette société met en présence des États qui joignent à la pleine conscience de leur personnalité nationale la reconnaissance de principes et de règles juridiques élevés à la hauteur d'un droit commun : le droit international. Et il n'est pas rare de voir les Puissances, dans de solennelles assises, rappeler expressément et étendre l'empire de ce droit public universel.

Sous l'égide de ce droit, chaque État garde son autonomie, conforme à sa première et irréductible tendance à vivre de sa vie propre, selon son génie, sur son territoire, par l'activité de son peuple, au moyen de ses ressources à lui, en vue d'accroître son bien-être moral et matériel et d'assurer en toutes choses sa légitime grandeur. Mais en même temps il se reconnaît comme juridiquement coordonné aux autres États dans la communauté internationale et comme tenu, à ce titre, de concilier sa puissance d'expansion avec le droit égal des autres États à leur conservation et à leur perfectionnement. Il trouve d'ailleurs dans le fécond échange de services que lui ménage la communauté internationale et dans les biens multiples qu'elle lui procure, un accroissement de bien-être supérieur au juste sacrifice qu'il impose à sa puissance illimitée d'expansion, et un auxiliaire nécessaire à son développement personnel : car, ainsi que l'a remarqué M. de Martens, « au siècle actuel, il n'y a pas un seul peuple civilisé qui puisse trouver tous les éléments de sa vie et de son développement dans les bornes de son propre territoire (3). »

Telle est la communauté juridique des peuples civilisés. Le droit s'y révèle comme principe régulateur universellement accepté, encore qu'il ne soit pas

---

(1) ARTHUR DESJARDINS. *Les derniers progrès du droit international.* Revue des Deux Mondes, janvier 1882.
(2) JELLINEK. *Die Lehre der Staatenverbindungen,* p. 8.
(3) F. DE MARTENS. *Traité de droit international,* p. 28,

toujours observé, — ce qui arrive aussi dans la vie privée. Et la diversité des nations y apparaît comme établie non pour les asservir les unes aux autres, ni pour les détruire les unes par les autres, mais pour les rassembler dans une association féconde où le respect de chaque membre de la grande famille des États s'harmonise avec le bien commun de tous.

Si le droit est la règle de coordination de la vie internationale ainsi conçue, la paix est la forme normale de cette vie. C'est dans la paix que les États se rapprochent pour s'associer; c'est sous ses auspices que leur sont départis les bienfaits de la société des nations; en telle sorte que si l'on ne peut dire que la paix soit toujours le bien le plus précieux des États — la justice, l'honneur, la défense nationale peuvent primer ses exigences, — il est vrai tout au moins d'affirmer que la paix est, d'une manière générale, le bien médiateur par excellence des autres biens dans la vie des peuples.

Lorsque des différends s'élèvent dans la communauté internationale constituée sur ces fondements, rien d'étonnant que l'arbitrage, à titre de solution à la fois juridique et pacifique, ne se présente comme le moyen le plus propre à fixer les situations d'une manière conforme au droit de chacun et au bien de tous. Plus le droit progresse et pénètre la société des nations, plus l'arbitrage se montre à nous comme lié à la structure de cette société.

Il a les promesses de l'avenir, à ce point que des hommes d'État comme lord Salisbury n'ont pas craint de dire que les guerres internationales sont appelées à disparaître devant les conseils d'arbitrage d'une civilisation plus avancée (1), pendant que d'autres hommes d'État, tels que M. Gladstone, n'ont pas hésité à évoquer la création d'un « Tribunal central en Europe » (2).

Il a toutes les sympathies du présent. Le caractère aussi onéreux que précaire de la trève armée où nous vivons, l'atrocité des perspectives qu'éveillent les batailles de l'avenir, le profond retentissement qu'ont de nos jours les guerres même partielles dans les relations de tous les peuples, la conviction enfin, confirmée par l'expérience, que ces jeux du hasard et de la force, loin de résoudre les questions, suscitent le plus souvent des difficultés nouvelles et engendrent de nouvelles luttes, tournent chaque jour davantage les esprits vers un mode de solution des différends internationaux plus conforme à la raison, à la justice, à l'humanité, aux sentiments chrétiens, au bien-être des sociétés.

L'arbitrage pénètre de plus en plus dans les mœurs internationales, multipliant les catégories de différends soustraits d'avance à toute procédure violente et créant, comme nous l'avons observé, dans certaines zones où se déploie l'activité des nations, une paix stable appuyée sur un traité.

L'institution a fait ses preuves durant ce siècle, et l'expérience a montré que, dans la plupart des cas, rien n'est plus pratique en même temps que rien n'est plus conforme à la dignité et aux intérêts bien entendus des États.

---

(1) Frédéric Passy. Introduction à l'ouvrage de F. Dreyfuss : *L'arbitrage international*, p. XIII.
(2) Stanhope. Rapport à la Conférence de La Haye. *La Conférence interparlementaire*, p. 225.

L'arbitrage a aujourd'hui ses organes dans l'opinion et dans la presse, ses entrées dans les parlements et dans les chancelleries. Les hommes d'État s'en occupent et manifestent à son égard une confiance encore limitée sans doute, mais chaque jour grandissante. Les gouvernements, dégagés de l'ancien et faux principe de la souveraineté illimitée des États — principe qui implique la négation de toute société internationale et de tout droit, — comprennent qu'une sage limitation de leur souveraineté en est la meilleure sauvegarde. Ils se font peu à peu à l'idée d'accepter pour eux, en cas de différend, dans la mesure compatible avec leur indépendance légitime, les bienfaisants procédés de justice qu'ils imposent à leurs gouvernés.

De tous côtés les horizons s'ouvrent à la pratique arbitrale : le moment n'est-il pas venu de tenter quelque chose dans la voie de son organisation ? L'arbitrage n'a été jusqu'aujourd'hui qu'un accident heureux : il peut devenir une coutume, facilitée par l'accès à une juridiction régulière, quoique volontaire.

L'État qui prendra l'initiative de ce progrès fera une œuvre noble et utile. Ne dût-il que réussir partiellement, il obtiendra, croyons-nous, l'appui de l'opinion universelle, la reconnaissance des peuples et le suffrage de l'histoire.

Qu'il y ait des obstacles à la réalisation d'un tel plan, on ne peut le contester. Mais, dans une cause où se trouve en jeu « ce qu'il y a de plus sacré : la paix entre les hommes », ce qu'il faut s'efforcer de tirer des obstacles, ce n'est pas le découragement, c'est une méthode pour les combattre et pour les vaincre.

Que le temps soit un facteur nécessaire à certaines réformes, on ne peut le nier davantage. Mais que la volonté des gouvernements éclairés et des hommes de bien, ayant pour elle l'assentiment des peuples, puisse hâter l'heure de la réalisation du progrès, c'est ce qu'il ne faut pas non plus méconnaître, et c'est ce que prouve à l'évidence l'histoire des conquêtes faites par le droit des gens au xixᵉ siècle.

On ne sait pas assez ou plutôt l'on oublie trop ce que peut un esprit de décision ferme et droit mis au service d'une cause juste dans un milieu de généreuses sympathies. L'expérience est là cependant : lorsque les États ont osé quelque chose de grand dans l'ordre du progrès général, il est rare qu'ils n'aient pas vu s'aplanir finalement, dans des conditions presque inespérées, les obstacles qui s'opposaient d'abord à leur magnanime entreprise. En se plaçant résolument dans les courants vrais du progrès humain, il leur est arrivé de se sentir soutenus, stimulés et comme portés par une puissance supérieure. Cette puissance qui travaillait avec eux, c'est la force que Channing déclarait supérieure à tous les préjugés et à l'oppression des siècles ; celle qu'il voyait grandir à chaque pas que fait la civilisation et dont l'essor lui annonçait la chute de toutes les institutions qui déshonorent l'humanité ; celle qui a une alliée dans toute conscience, dans le cœur même de celui qui commet l'injustice ; celle qui ne peut finalement échouer, parce qu'elle est, disait Channing, liguée avec la toute-puissance de Dieu : c'est la force de la vérité, de la justice, du sentiment de la fraternité humaine et chrétienne.

C'est en s'appuyant sur cette force que les États civilisés sont parvenus à doter l'Afrique d'une constitution supérieure à celle de l'Europe, au point de vue de la médiation et de l'arbitrage. Après avoir montré cette largeur de vues pour la civilisation d'un continent et cette pitié pour une race déshéritée, il est temps, ce semble, que les nations européennes aient pitié d'elles-mêmes. Si le sceptre de la civilisation doit être gardé par elles, n'est-ce pas à la condition de donner le pas dans nos sociétés aux œuvres de vie et de paix sur les œuvres de discorde et de mort?

Tant que l'on pouvait dire : l'indépendance des États s'oppose à l'établissement d'un Collège international d'arbitres, les résistances étaient justifiées. Mais il paraît démontré qu'il y a des formes de Cour arbitrale parfaitement compatibles avec le maintien de la souveraineté des nations : comment opposer encore la force d'inertie en se fondant sur une question d'autonomie nationale?

Et comment soutenir, d'autre part, que l'état actuel de la société internationale soit trop peu avancé pour comporter l'institution de la Cour? Si faible que soit encore à certains égards le lien qui unit les États, nous voyons ceux-ci chaque jour s'associer pour la réalisation en commun de remarquables progrès. Nous les voyons créer des unions universelles avec bureaux permanents. Nous les voyons même s'assembler pour prendre des mesures destinées à assurer un certain ordre international en rapport avec la sécurité et le repos de tous les États. La justice est le premier bien de la société internationale : comment les États seraient-ils impuissants à se ménager, tout au moins en quelque mesure, les moyens les plus faciles et les plus sûrs de l'obtenir pacifiquement?

Nous ne nions pas ce que peut avoir de tutélaire, dans notre ordre international, la balance des forces et des intérêts, jointe à la sagesse et à l'habileté que déploient les gouvernements pour faire produire d'heureux fruits à cet équilibre. Mais pourquoi ne pas regarder plus loin et plus haut que ce terrain assez mouvant, au témoignage de l'histoire? Pourquoi ne pas chercher l'amélioration du présent et la préparation de l'avenir dans une consolidation des institutions propres à mieux assurer le respect du droit? Les États modernes seraient-ils indéfiniment condamnés à une course vertigineuse lorsqu'il s'agit de développer les instruments de guerre, et au piétinement sur place lorsqu'il est question de renforcer les institutions d'ordre pacifique? Si la suppression des luttes violentes entre peuples apparaît à beaucoup de bons esprits comme un idéal trop lointain, si l'on ne croit pas même prudemment possible à l'heure actuelle de diminuer l'appareil guerrier des nations, le monde international ne peut-il légitimement aspirer tout au moins à une justice plus accessible dans une paix moins précaire? Et l'honneur, comme l'intérêt des nations civilisées, ne demande-t-il pas qu'à côté des armées et des forteresses représentant les nécessités d'une défense par la force, il existe sur le terrain de la vie des nations des institutions permanentes aussi qui représentent l'organisation pacifique de la justice internationale ?

* *

Nous croyons avoir établi que l'institution d'une Cour arbitrale est non seulement un *postulatum* des progrès généraux réalisés dans la vie des peuples et dans le droit des gens, mais encore un corollaire naturel de l'extension des clauses compromissoires dans les traités, de la multiplication des cas effectifs d'arbitrage, de l'accroissement du contentieux international. Nous nous sommes efforcé de montrer comment la création d'un collège permanent d'arbitres, tout en obviant aux difficultés et aux inconvénients graves que présente la constitution de tribunaux occasionnels, contribuerait au perfectionnement du droit international positif et à la consolidation si nécessaire dans le monde du sentiment de la justice internationale. Nous avons constaté que cette institution n'est pas une innovation sans précédents dans le droit international et ne présente rien de contraire à l'indépendance des États. Et nous avons essayé de mettre en lumière l'intérêt qu'ont les grandes puissances comme les petits États à l'établissement d'une juridiction internationale permanente à recours facultatifs et à sanctions pacifiques définies.

Nous soumettons respectueusement ces points de vue à l'attention bienveillante des Puissances.

Nous connaissons la haute sollicitude des souverains et chefs d'État pour tout ce qui touche au bien des peuples qui leur sont confiés et au développement pacifique des relations internationales. Nous savons que des voix autorisées s'élèvent dans les conseils des Gouvernements en faveur des améliorations à introduire dans la pratique arbitrale. Presque tous les Parlements du monde ont donné de précieux gages à cette grande cause. Il s'agit de mener à bien une œuvre dont tous les peuples ont, ce semble, à un égal degré, le désir et le besoin. Nous avons le ferme espoir que ce qui peut être fait dans l'ordre de l'extension et de l'organisation de l'arbitrage sera effectivement réalisé.

Nous savons bien que la Cour arbitrale n'est pas la solution de toutes les difficultés pendantes, mais cette institution est un facteur important du problème que l'on peut poser en ces termes : faciliter les moyens de recourir au droit et décourager les tentatives de recourir à la force. Un tel titre paraît assez justificatif.

Nous entendons bien encore qu'une juridiction facultative n'assure qu'imparfaitement l'état juridique des nations. Mais nous croyons que c'est quelque chose que de ménager aux États un accès toujours ouvert à une justice prompte et sûre.

Lorsque le moyen âge, dans l'impossibilité d'abolir les guerres privées, institua la Trêve-Dieu, il remplit, dans des conditions particulièrement difficiles, la part de devoir qui lui incombait. Que les États contemporains s'inspirent de ce souvenir et remplissent à leur tour leur part de devoir conforme à l'orientation juridique et pacifique de nos sociétés.

Nous adjurons tous ceux qui ont en mains le pouvoir et l'influence de s'unir pour l'accomplissement d'une tâche si belle et si féconde.

Lorsqu'il fut question pour la première fois d'introduire dans les traités de la Belgique la clause d'arbitrage, l'auguste fondateur de la dynastie belge, pressenti à ce sujet, donna son adhésion à l'innovation proposée en ajoutant ce simple et significatif commentaire : « C'est une question de justice et d'humanité. » Le souvenir de cette parole prononcée par un prince dont la réputation de sagesse était européenne est souvent revenu à l'auteur de ces lignes pendant la composition de son travail. C'est au nom de la justice et de l'humanité, en effet, au nom du rapprochement des peuples dans la paix par le droit, qu'il a élevé la voix comme organe de membres nombreux des quatorze parlements européens représentés à la Conférence de Bruxelles.

Quoi qu'il advienne, il ne regrettera pas d'avoir écrit ces pages, car il a rempli un devoir. Et alors que tant de savants inventeurs consacrent leur temps à ce problème : « Quelle est la manière de tuer la plus grande quantité d'hommes possible dans le moins de temps possible, » il est heureux d'avoir consacré quelques veilles à cette question : « Quel est le moyen de terminer, au moins dans la plupart des cas, les conflits internationaux dans le moins de temps possible, avec le moindre effort, et d'une manière digne d'êtres raisonnables faits pour se respecter et s'entr'aider, non pour s'entre-détruire ? »

Il y aura toujours dans le monde assez d'éléments de discorde et d'artisans de guerre ; il n'y aura jamais assez de tentatives d'union et d'ouvriers de paix.

Puisse ce travail contribuer à préparer le moment où sera réalisé ce grand progrès : une juridiction volontaire internationale, *un tribunal libre au sein des États indépendants.*

Edouard DESCAMPS.

RÉSOLUTION

adoptée par la Conférence de Bruxelles, concernant l'institution d'une Cour permanente d'arbitrage international.

La Conférence interparlementaire réunie à Bruxelles, considérant la fréquence des cas d'arbitrage international, le nombre et l'extension des clauses compromissoires dans les traités ;

Désirant voir s'établir sur des bases stables une justice et une juridiction internationales,

Charge son président de recommander à l'examen bienveillant des gouvernements des États civilisés les dispositions suivantes, qui pourront faire l'objet d'une conférence diplomatique ou de conventions spéciales (1).

I (2).

Les parties contractantes constituent une COUR PERMANENTE D'ARBITRAGE INTERNATIONAL pour connaître des différends qui seront soumis à sa décision.

---

(1) Trois projets de préambules ont été présentés à la conférence :

PROJET DE LA COMMISSION : *La conférence interparlementaire, désirant poser les bases d'une justice et d'une juridiction internationales, en vue de prévenir la guerre, charge son bureau de présenter aux gouvernements des États de l'Europe et de l'Amérique les dispositions suivantes destinées à être l'objet d'une conférence diplomatique ou de traités spéciaux.*

PROJET DE M. LE CHEVALIER DESCAMPS : *La conférence interparlementaire de Bruxelles,*

Considérant que la fréquence des cas d'arbitrage international, la multiplication et l'extension des clauses compromissoires dans les traités font désirer l'adoption de règles stables en matière de procédure arbitrale entre nations et l'établissement d'une juridiction toujours ouverte à la solution pacifique des conflits internationaux,

A formulé l'avant-projet suivant, qui sera soumis à l'attention bienveillante des États civilisés.

PROJET DE MM. LAFONTAINE, H. DENIS, D' GOBAT, FREDERIK BAJER, EDWARD WARWINSKY, FRÉDÉRIC PASSY : *La Conférence interparlementaire, désireuse de préparer l'organisation d'une justice et d'une juridiction internationales en vue de prévenir la guerre,*

Sollicite respectueusement le Gouvernement de S. M. le Roi des Belges et le Conseil fédéral suisse de prendre, auprès de tous les gouvernements, l'initiative nécessaire à la mise à exécution, par une conférence diplomatique ou par des traités spéciaux, des dispositions suivantes,

Et charge son bureau de faire à cet égard toutes les démarches nécessaires.

Ces trois rédactions ont été renvoyées à la commission; celle-ci a présenté une formule définitive qui a reçu l'assentiment de la Conférence.

(2) Le projet de la commission proposait la dénomination de « Cour internationale d'arbitrage ». La Conférence a préféré reprendre la terminologie adoptée par la Conférence de La Haye : Cour permanente d'arbitrage international.

Dans le cas où un différend surgirait entre deux ou plusieurs d'entre elles, ces parties décideront si le litige est de nature à être porté devant la Cour, sous réserve des obligations qu'elles peuvent avoir contractées par traité.

II.

La Cour siège à
Le siège pourra être transféré autre part par décision prise à la majorité des trois quarts des puissances adhérentes.

Le gouvernement de l'État dans lequel siège la Cour garantit sa sûreté ainsi que la liberté de ses discussions et décisions.

III (1).

Chaque gouvernement signataire ou adhérent nomme deux membres de la Cour.

Néanmoins deux ou plusieurs gouvernements peuvent se réunir pour désigner en commun deux membres.

Les membres de la Cour sont nommés pour une durée de cinq ans ; leurs pouvoirs peuvent être renouvelés.

IV.

Les traitements ou indemnités des membres de la Cour sont payés par l'État qui les nomme.

Les frais de la Cour sont répartis par parts égales entre les États adhérents.

V.

La Cour élit dans son sein un président et un vice-président pour une durée d'une année Le président n'est rééligible qu'après une période de cinq ans. Le vice-président remplace le président dans tous les cas où celui-ci est empêché.

La Cour nomme son greffier et fixe le nombre d'employés qu'elle juge nécessaire.

Le greffier réside au siège de la Cour et a le soin des archives.

VI (2).

Les parties peuvent, de commun accord, porter directement leur litige devant la Cour.

---

(1) Le projet de la commission portait : « Les membres de la Cour sont choisis parmi les juristes éminents des différents pays. » Cette disposition a été supprimée pour éviter des difficultés d'interprétation et afin de ne pas restreindre la liberté des États.

Le § 2 a été ajouté au projet de la commission afin de permettre éventuellement un accord entre plusieurs gouvernements.

(2) Cette disposition, qui formait l'article X du projet de la commission, a été placée avant l'article VII, comme devant précéder logiquement cet article.

VII.

La Cour est saisie au moyen d'une notification faite au greffier par les parties de leur intention de soumettre leur différend à la Cour.

Le greffier porte immédiatement cette notification à la connaissance du président.

Si les parties n'ont pas usé de la faculté de porter directement leur litige devant la Cour, le président désigne les membres qui devront constituer un tribunal appelé à prononcer en première instance.

A la requête d'une des parties, les membres appelés à constituer ce tribunal devront être désignés par la Cour elle-même.

Les membres nommés par les États en litige ne peuvent faire partie du tribunal.

Les membres désignés pour siéger ne peuvent s'y refuser.

VIII.

Le compromis est arrêté par les gouvernements litigants ; à défaut d'entente, il est arrêté par le tribunal ou, s'il y a lieu, par la Cour.

Il peut être formulé une demande reconventionnelle.

IX.

Le jugement est motivé ; il est prononcé dans un délai de deux mois après la clôture des débats. Il est notifié aux parties par le greffier.

X.

Chaque partie a le droit d'interjeter appel dans les trois mois de la notification.

L'appel est porté devant la Cour. Les membres nommés par les États en litige et ceux qui ont fait partie du tribunal ne peuvent y siéger.

Il est procédé comme en première instance. L'arrêt de la Cour est définitif. Il ne peut être attaqué par un moyen quelconque.

XI (1).

L'exécution des décisions de la Cour est confiée à l'honneur et à la bonne foi des États en litige.

---

(1) Le second paragraphe de cet article a été ajouté au projet de la commission, afin de permettre éventuellement aux États de pourvoir, s'ils le jugent nécessaire, par des moyens particuliers à la sanction de la sentence arbitrale.

La Cour fera application des conventions des parties qui, dans un compromis, lui auraient donné les moyens de sanctionner pacifiquement ses décisions.

XII.

Les nominations prescrites par l'article III seront faites dans les six mois de l'échange des ratifications de la convention. Elles seront portées, par la voie diplomatique, à la connaissance des États adhérents.

La Cour sera instituée et se réunira de plein droit à son siège un mois après l'expiration de ce délai, quel que soit le nombre de ses membres. Elle procédera à l'élection d'un président, d'un vice-président et d'un greffier ainsi qu'à l'élaboration de son règlement d'ordre intérieur.

XIII.

Les parties contractantes formuleront le règlement organique de la Cour. Il fera partie intégrante de la convention.

XIV (1).

Les États qui n'ont point pris part à la convention sont admis à y adhérer dans les formes habituelles.

Leur adhésion sera notifiée au gouvernement du pays où siège la Cour et par celui-ci aux autres gouvernements adhérents.

La Conférence charge son président d'examiner et, s'il est possible, de s'assurer si des gouvernements au nombre de deux ou de plusieurs seraient disposés à prendre l'initiative d'établir une Cour pour la solution de leurs différends par des moyens pacifiques.

---

(1) Le projet de la commission renfermait un article concernant la durée de la convention. Il était formulé comme suit : « La convention aura une durée illimitée, à moins de dénonciation régulièrement motivée au moins un an d'avance. Cette dénonciation n'a d'effet qu'à l'égard de l'État qui l'a notifiée. »

RAPPORT

présenté au nom de la Commission chargée de formuler un Projet d'organisation de la Cour arbitrale

par M. HOUZEAU DE LEHAIE.

———

M. Stanhope a présenté à la Ve Conférence de l'Union Interparlementaire un remarquable rapport dont l'assemblée a adopté les conclusions dans les termes suivants :

« La Ve Conférence Interparlementaire charge une Commission de six de ses membres, dont l'un sera l'administrateur du bureau interparlementaire, de préparer un projet d'organisation d'une COUR PERMANENTE D'ARBITRAGE INTERNATIONAL, destinée à régler les différends entre les nations qui y adhéreraient.

Ce projet devra respecter les principes suivants :

1° L'indépendance nationale reste inaliénable et inviolable ;

2° L'adhésion de tout gouvernement à la constitution de la Cour est absolument facultative ;

3° Tous les États adhérents doivent être sur le pied d'une parfaite égalité vis-à-vis de la Cour ;

4° Les jugements de la Cour doivent avoir la force d'une sentence exécutive.

La Commission élue était composée de MM. Gobat, administrateur du bureau interparlementaire, Hirsch, Rahusen, Stanhope, Trarieux et Houzeau de Lehaie.

M. Trarieux, devenu ministre de la justice en France, n'a pu participer à nos travaux. M. le sénateur Labiche a bien voulu nous accorder une précieuse collaboration. Je l'en remercie ici au nom de la Commission, et je crois pouvoir ajouter au nom de la Conférence entière.

La Commission demanda à trois de ses membres de rédiger trois avant-projets.

Les auteurs des trois avant-projets leur donnèrent la forme d'une convention entre États. C'est, en effet, le seul mode de constituer une cour internationale.

Deux de ces projets avaient une grande analogie.

Le troisième s'écartait assez sensiblement des autres.

Les deux premiers instituaient une véritable cour permanente, ayant pour mission de mettre fin aux conflits internationaux par des décisions en forme de jugement ou d'arrêt.

Le troisième formulait une convention entre deux gouvernements, belge et suisse, stipulant la désignation par eux d'un collège de dix arbitres, parmi lesquels les États en conflit seraient invités à choisir leurs juges.

La majorité de votre Commission a pensé que cet avant-projet ne répondait pas complètement à ce que la Conférence attendait d'elle.

Elle s'est vue, malgré les qualités très sérieuses et le côté pratique de cet avant-projet, dans la nécessité de l'écarter par une sorte de question préalable. Ce ne fut pas sans regret.

La discussion s'est donc engagée en prenant pour base les deux autres travaux, dont l'un comprenait, outre une convention diplomatique, un règlement organique de la Cour internationale.

Il s'agissait d'abord, dans la discussion générale, de déterminer l'étendue, la portée que notre projet devait avoir.

Fallait-il vous présenter un mémoire académique, théorique, c'est-à-dire posant des principes absolus et en formulant des applications rigoureuses?

Ou bien devions-nous tenir compte de l'état des esprits et chercher à ménager les susceptibilités, parfois très promptes à s'émouvoir, des hommes d'État et des diplomates?

Nous avons pensé que, sans perdre de vue l'Idéal, qu'il faut, comme le disait un de nos collègues, poursuivre avec une constante ténacité, il importait d'examiner ce qui est possible, ce qui a quelque chance d'être accepté par ceux-là seuls qui peuvent le réaliser.

Discussion des principes qui doivent servir de base à la convention internationale.

Les assemblées discutent sur des textes, mais votre Commission a pensé qu'elle aboutirait plus rapidement en fixant d'abord les principes et en rédigeant ensuite les textes.

Elle devait respecter les décisions prises l'année dernière à La Haye :

1° Notamment l'égalité entre les divers États.

Or cette égalité implique la nomination d'un même nombre de membres par chacun des États, *grands* ou *petits*.

Est-ce que les grands États pourront accepter cette égalité de représentation dans la Cour internationale? Telle est la question qui se posait immédiatement.

Il fut facile de remarquer que ce point était intimement lié à un autre :

2° Était-il possible que les membres de la Cour soient appelés à juger un conflit où l'État qui les a nommés serait en cause?

Il suffit de poser cette question pour reconnaître que cela ne peut être admis, que le citoyen appartenant à un État ne peut être juge entre son gouvernement et un autre, qu'il faut donc écarter du tribunal ou de la Cour les membres nommés par les États en litige.

Pas d'intérêt véritable pour les grands États, puisqu'ils n'auraient pas leurs ressortissants pour juges.

En outre, la Commission s'est demandé s'il serait bien aisé de classer les États d'après leur importance et de leur accorder un nombre de nominations proportionnel.

Qui voudrait, qui oserait accepter cette tâche ?

Puis comment, dans ce système, composer un tribunal pour juger un conflit survenu entre deux grandes puissances ? Après avoir écarté les nombreux membres nommés par elles, en resterait-il encore assez ?

Il y a absence d'intérêt véritable. Donc aucun motif pour que les grandes puissances désirent nommer plus de membres. Ce n'est en effet pas une représentation au sein de la Cour.

L'égalité du droit de nomination emportait l'égale répartition des dépenses malgré la charge proportionnellement bien plus lourde qui en résulterait pour les petits États.

Voici encore deux points très étroitement liés et qui ont été discutés ensemble :

3° Faut-il obliger les membres de la Cour à résider au siège de celle-ci ?

4° Faut-il leur interdire d'accepter ou de continuer d'autres fonctions ?

Certes l'on est d'accord que théoriquement cela semble valoir mieux. Et cependant il a été fait au sein de la commission une observation que je crois devoir vous rapporter : il n'est peut-être pas bon, lorsqu'un homme de grand mérite s'est formé dans un certain milieu, de l'obliger à rompre brusquement avec ses habitudes ; il est peut-être dangereux de l'isoler de ceux au milieu desquels il a vécu. On affirme que pour chacun de nous il est un âge où il devient très difficile de changer brusquement de vie et d'occupations ; il semble, à ce point de vue, que des modifications profondes dans les conditions de l'existence peuvent avoir un résultat défavorable.

Quoi qu'il en soit et sans entrer plus avant dans ces considérations, nous avons pensé qu'il fallait commencer modestement.

Obliger les membres de la Cour à résider au siège de celle-ci, c'est leur interdire toute autre fonction. Il serait nécessaire en ce cas de leur assurer une rémunération élevée.

N'effrayons pas trop les ministres des finances. Si on leur demande de trop grosses sommes, ils sont disposés à tout refuser. Nous aurons déjà à vaincre assez de résistances venant d'ailleurs.

Nous nous sommes donc résignés à ne pas demander que les membres de la Cour résident au siège de celle-ci. Ils conserveront leurs positions et ne quitteront leur pays que pendant le temps où ils auront à juger un différend.

Mais nous avons admis que le greffier de la Cour, à qui incombe la direction du bureau et la garde des archives, doit être astreint à résidence.

5° Quel sera le nombre des membres de la Cour ?

Chaque État en nommera-t-il 1, 2 ou 3 ?

S'il n'y en avait qu'un par État, la Cour serait bien peu nombreuse et au début, tant que le nombre des États adhérents serait faible, pourrait-on former un tribunal ?

Si, au contraire, ce nombre augmentait, si tous les États ici représentés nommaient chacun trois membres, la Cour deviendrait trop nombreuse. Quelle difficulté de réduire ce nombre après coup ! Aussi la Commission s'est-elle arrêtée au nombre de deux par État.

6° Il faut à la Cour un Président. Nos délibérations ont porté sur la durée à donner à son mandat. Une longue présidence ou un mandat renouvelable donne à celui qui est investi de cette haute fonction une grande autorité.

Il ne faut pas que la Cour s'incarne dans un homme. Il serait à craindre que la prépondérance donnée à un homme par une trop longue présidence, rejaillissant sur l'État qui l'a nommé, ne suscitât la jalousie des autres.

Nous avons préféré une présidence annuelle sans réélection, si ce n'est après une période de cinq années.

Cependant il y a lieu d'assurer la continuité des traditions administratives, et il semble qu'un bon moyen serait que le vice-président fut élu généralement Président l'année suivante. Par ses fonctions de vice-président il se serait préparé à exercer la présidence.

7° La plupart des conflits internationaux peuvent être jugés par un tribunal composé d'un petit nombre de membres et ne demandant pas cinq juges.

Comment en déterminer le nombre et qui les désignerait ?

La majorité de la Commission pense que l'on peut le plus souvent laisser ce soin au Président. Il pèsera très impartialement l'importance du conflit et choisira pour le juger les membres qui possèdent la compétence spéciale pour en apprécier les éléments.

Il importe cependant que les parties ou l une d'elles gardent la faculté de confier à la Cour elle-même le soin de composer le tribunal, qui jugera en première instance.

Les membres désignés ainsi par le Président ou par la Cour seraient obligés de siéger dans le litige et n'en pourraient être dispensés qu'en cas de force majeure.

8° Votre Commission a examiné s'il fallait limiter à un degré la juridiction internationale ou laisser aux parties la faculté d'interjeter appel du jugement devant la Cour.

Les deux systèmes peuvent se défendre. La faculté d'appel existe dans presque tous les États civilisés et par analogie la majorité de la Commission l'a admise. Elle a estimé que les parties pouvaient légitimement y renoncer par leur compromis.

Mais elle pense que l'arrêt doit être définitif et ne pouvoir être attaqué par aucun moyen. Donc pas de procédure en revision.

9° Le second paragraphe des conclusions du rapport de M. Stanhope posait le principe de la plus grande liberté pour les États d'accepter ou de refuser de soumettre leurs différends à la Cour. Du moins c'est dans ce sens que la majorité de votre Commission et M. Stanhope lui-même l'ont interprété.

La Commission a désiré couper court aux appréhensions des gouvernements ou des diplomates; elle a voulu montrer qu'elle n'avait aucunement l'intention de s'immiscer dans leurs attributions. Elle a estimé que l'adhésion à la convention instituant une Cour internationale n'imposait pas aux gouvernements d'autre obligation que celle d'examiner et de décider si le conflit survenu était de nature à être porté devant la Cour.

Il faudra donc, pour que celle-ci soit saisie du litige, que les deux parties soient d'accord pour le lui soumettre.

C'est peut-être fort timide.

L'un des avant-projets allait plus loin; il voulait que la Cour fût saisie par la seule requête de la partie la plus diligente et eût le droit de décider si le conflit rentrait dans sa compétence comme appartenant à la catégorie de ceux prévus par un traité d'arbitrage.

La majorité de la Commission a pensé que, tout rationnel que cela paraisse, puisque les Cours de justice sont ordinairement juges de leur compétence, elle ne pouvait vous proposer d'accorder à la Cour internationale un pareil pouvoir.

Elle s'est contentée d'insérer à l'article 1er : « Les parties examineront si le litige est de nature à être porté devant la Cour *sous réserve des obligations qu'elles peuvent avoir contractées par traité.* »

10° Le siège de la Cour paraît ne pas devoir être déplacé sans de puissantes raisons.

Devant la Commission il a été question de diverses villes : Berne, Bruxelles, Liége, Lausanne. Chacune présente des avantages et des inconvénients. Les deux dernières ont l'avantage d'être des villes universitaires, des centres intellectuels, où il n'y a ni gouvernement ni corps diplomatique.

La Commission a cru préférable de ne pas vous faire de proposition.

11° Il est indispensable qu'à un moment donné la Cour se constitue.

Or aucun gouvernement n'a le pouvoir de l'installer. Il y a donc nécessité de fixer un délai qui prendrait cours à partir de l'échange des ratifications de la convention, à l'expiration duquel la Cour s'installerait elle-même.

Les membres, quel que soit leur nombre, se réuniraient au siège de la Cour. Ils procéderaient immédiatement à l'élection d'un Président et d'un Vice-Président et à la nomination d'un Greffier.

La Commission estime que trois mois suffisent pour que les États aient fait les nominations et qu'un mois après les membres s'installeraient.

12° Enfin s'est présentée l'importante question de la sanction des décisions de la Cour.

Vous admettrez avec nous que l'on ne peut songer un instant à une exécution par la force. L'autorité de la Cour doit être toute morale et résulter de la valeur et de l'impartialité des hommes qui la composeront.

La Commission s'est ralliée à la formule de l'un des avant-projets qui *confie à l'*HONNEUR *et à la* BONNE FOI *des parties contractantes l'exécution des décisions de la Cour.*

Tels sont les principaux points arrêtés par la majorité de votre Commission. Ils forment la base du projet qui vous est présenté en son nom et qui vous a été distribué. Beaucoup d'autres questions ont été examinées avant de donner à notre projet la forme sous laquelle nous le soumettons avec confiance à votre examen éclairé.